Handball

Training
Technik
Taktik

Hans-Dieter Trosse

Mit Bildreihen und Fotos von Horst Lichte

rororo

Rowohlt

Originalausgabe

Umschlagentwurf Werner Rebhuhn (Foto Horst Lichte)
Layout Werner Rebhuhn/Angelika Weinert
Graphik Karin Kasdorf
Veröffentlicht im Rowohlt Taschenbuch Verlag GmbH,
Reinbek bei Hamburg, Februar 1977

Satz Times (Linotron 505 C)
Gesamtherstellung Clausen & Bosse, Leck/Schleswig
Printed in Germany
780-ISBN 3 499 17004 3

Inhalt

Einleitung

Dieses Buch wendet sich an alle, die das Handballspiel lehren und lernen wollen: an Trainer, Übungsleiter, Sportlehrer, Sportstudenten, Schüler, aktive Handballer und zuschauende Handballbegeisterte. Es gibt Ratschläge, Tips und Hinweise, wie man allein, in der Gruppe und in der Mannschaft das Handballspiel erlernen kann. So ist weniger daran gedacht, fertige Rezepte zu liefern, als vielmehr Beispiele zu geben, wie man es ‹machen› kann.

Dem Trainer werden Trainingskonzepte vermittelt, die er an seinen Erfahrungen und in der ständigen Auseinandersetzung mit der Fachliteratur überprüfen sollte. Der Sportlehrer kann unter Berücksichtigung von Alter und Leistungsstand der Schüler, Anzahl der für Handball zur Verfügung stehenden Wochenstunden, Hallen- und Platzmöglichkeiten, Geräte- und Ballmaterial anhand der methodischen Raster kurz- und langfristige Unterrichtseinheiten entwickeln. Dem Sportstudenten werden Anregungen zur Diskussion gegeben über die Wege der Methodik des Sportspiels ‹Handball›. Schließlich soll es allen Aktiven eine Hilfe sein, sich ständig selbst zu beobachten beim Erlernen des Spiels, und Möglichkeiten aufzeigen, sich spielerisch weiterzuentwickeln.

Dieses Buch ist kein Lehrbuch für Spitzentrainer und ersetzt nicht die Fachliteratur, die sich vorwiegend an solche wendet. Dennoch soll es auch diesen Trainern Anregungen geben, ihre methodischen Konzepte kritisch zu überdenken.

Im folgenden wird der Versuch unternommen, Mittel und Wege zu finden, um das Handballspiel didaktisch-methodisch durchsichtig zu machen. Der Autor hat sich bemüht, das Handballspiel systematisch aufzugliedern, Lehrwege zu finden, die dieser Systematik angepaßt

sind, und an ausgewählten Beispielen zu zeigen, wie man theoretische Überlegungen in die Praxis umsetzen kann.
Es geht hier nicht nur um das schnelle kampfbetonte Sportspiel Handball; das Buch soll auch das Handballspiel als freudvollen ‹Fitmacher› in das Bewußtsein rücken. So werden Wege gezeigt, wie Handball auch in kleinen Gruppen gespielt werden kann, ohne seinen Charakter zu verlieren.
Eingefügt in die speziellen Ausführungen zum Handball ist die Problematik des Spiels selbst, besonders in bezug auf die allgemeine Trainingslehre und den aktuellen Stand der Diskussion in der Methodik der Sportspiele. Insofern mag dieses Buch seinen Beitrag zur Entwicklung des Handballspiels leisten.

Training

Methodische Hinweise zur Trainingsgestaltung

Unter Methodik oder Lehrweise versteht man den bewußt eingeschlagenen Weg, im Training ein bestimmtes Ziel zu erreichen. Alle Maßnahmen im Training, die auf das *Wie* gerichtet sind, bilden die Grundlagen der Methodik. Dazu gehören: Überlegungen zu den Lernmethoden, Auswahl der Übungsformen, Anwendung von Organisationsformen sowie der Einsatz von Anschauungsmethoden.
Die Lernmethoden werden

- vom Trainingsinhalt,
- von den Trainer- und Spieleraufgaben und
- von den Trainingszielen

abgeleitet.
In Abstimmung mit der Organisation des Trainings lassen sich verschiedene Methoden anwenden. So können Trainingsziele durch

- Vortrag, Gespräch, Beschreibung, Erläuterung oder Erklärung (mündliche Methode),
- Vorführen, Demonstrieren, Skizzen, Fotos und Filme (Anschauungsmethode),
- Versuchen, Üben, Ausprobieren und Wiederholen (praktische Methode)

realisiert werden.
Über die Lehrweise im Training der Spiele sind sich die Fachleute nicht einig. Es bestehen eine Reihe von gegensätzlichen Auffassungen über die bestmöglichen Wege zum Lehren und Erlernen eines Spiels. Um konkrete Entscheidungen zu treffen, ist es notwendig, daß der Trainer

die wichtigsten Auffassungen zur Lehrweise der Spiele kennt. Sie bieten ihm Gelegenheit zum Vergleichen und Experimentieren. Daraus kann er die optimalen Bedingungen für sein Training entwickeln.

Zielsetzungen

Das Spiel ist durch eine Vielzahl von Handlungen gekennzeichnet, die sich innerhalb eines bestimmten Systems vollziehen und auf verschiedene Zielsetzungen ausgerichtet sind. Solche Zielsetzungen sind:

- Erzeugung von Motivation für das Spiel,
- Vermittlung von technischen und taktischen Fertigkeiten für das Spiel,
- Vermittlung von taktischen Verhaltensweisen.

Diese Zielsetzungen stehen im bestimmten Verhältnis zueinander, und es bleibt dem Trainer überlassen, welche er über sein Training stellt.

Wenn man davon ausgeht, daß sich das Erlernen des Spiels in drei Phasen vollzieht, nämlich

erste Phase: Erlernen der Technik (Passen, Annehmen, Führen und Werfen) in Verbindung mit einfachen taktischen Elementen des Angriffs und der Abwehr;

zweite Phase: Verfeinerung der Technik und Taktik;

dritte Phase: Perfektionierung und Automatisierung der Technik und Taktik,

dann muß die Trainingsplanung methodisch auf das jeweilige Ziel ausgerichtet werden.

Grundlage für die Vermittlung von technischen und taktischen Fertigkeiten, also der Lehrweise, ist die Anwendung von Spiel- und Übungsreihen.

Tritt für das Spiel das Erlernen und Verfeinern der Technik in den Vordergrund, dann sollten vorwiegend *Übungsreihen* die Grundlage der Methodik bilden.

Soll der Anfänger schrittweise an dem Spielgeschehen beteiligt werden, dann bieten sich planmäßige Reihen einzelner Spielformen an. In diesem Falle bilden also *Spielreihen* die Grundlage der Methodik.

Vereinfacht bedeutet das für das methodische Vorgehen: Kann ich mein Ziel mit Hilfe von *Übungsreihen* erreichen, also durch Schulung bestimmter Elemente in Reihen mit unterschiedlichem Schwierigkeitsgrad? Oder kann ich dieses Ziel eher mit Hilfe von *Spielreihen* verwirklichen, also durch Anwendung der Technik und Taktik in Reihen mit vereinfachten Spielformen?

Dabei ist zu überlegen, von welchen Voraussetzungen her man das Spiel entwickeln möchte. Versteht man das Spiel als eine Zusammenfügung von technischen und taktischen Teilelementen, durch deren Beherrschung das Spiel erst möglich wird, dann kann man davon ausge-

hen, daß durch das Trainieren der Teilelemente auch das Spiel insgesamt erschlossen wird.
Daraus ergibt sich folgender Ansatz: Hängt das Gelingen des Spiels von der *typischen Technik* – also von den zweckmäßigen und ökonomischen Bewegungsabläufen, die im Spiel erprobt worden sind und die eine regelrechte Fortführung des Spiels ermöglichen – und der *individuellen Taktik* – also der zweckmäßigen Anwendung der technischen Fertigkeiten durch den einzelnen Spieler, dem zielgerichteten Einsatz der Technik und Beachtung der Reaktion des Gegners – ab, dann müßten beide Elemente planmäßig geübt und schließlich miteinander verbunden werden. Hier kommen also vorwiegend nur *Übungsreihen* zur Anwendung.
Geht man von der Auffassung aus, daß ein Spiel mehr als die Zusammensetzung bestimmter technischer und taktischer Einzelteile ist und sich aufgrund des *Spielgedankens* nicht zergliedern läßt, allenfalls auf seine *Grundformen* zurückentwickelt werden kann, dann kommt die Anwendung von *Spielreihen* in Frage.
Kurzum: Ein Spiel kann nur durch das Spielen selbst erlernt werden. Die zur Perfektion hinführenden Spielformen werden so vereinfacht, daß der Spielgedanke erhalten bleibt: Und das Regelwerk wird nur insoweit verändert, als der Charakter der Spielidee nicht verlorengeht.
Gibt man diesem Ansatz bei der methodischen Planung den Vorzug, dann sollte bei der Vermittlung des Spiels die Spielreihe im Vordergrund stehen.
Um das Spiel in Spielreihen zu zerlegen, um also die *Grundformen des Spiels* erkennen zu können, ist es notwendig, ausgehend von der Spielidee, der Beachtung der Regeln sowie die einfachste Spielform zu finden, welche alle genannten Elemente enthält.
Die Spielidee des Handballs drückt sich in zwei Aspekten aus: erstens in dem Versuch, den Ball im Tor unterzubringen, und zweitens in dem Versuch, eben dieses zu verhindern.

Um die Grundform einer Spielreihe Handball zu finden, müssen
1. die Spielidee sichtbar werden,
2. die technischen und taktischen Grundformen des Handballspiels angewendet und
3. die Regeln beachtet werden.

Unter *technischen Grundformen des Handballspiels* verstehen wir die Fähigkeit, *den Ball passen, den Ball annehmen (fangen), den Ball führen und den Ball werfen (Torwürfe)* zu können.
Unter *taktischen Grundformen* versteht man die *zweckmäßige Anwendung der Technik unter Beachtung der Reaktion des Gegenspielers*, zum Beispiel Täuschen oder Fintieren.

Bei Beachtung dieser Voraussetzungen kommt man zu der ersten Spielform 2 gegen 3 (2 Angriffsspieler, 2 Abwehrspieler und ein Torwart). Diese Spielform läßt sich je nach Verbesserung der Spielfertigkeiten verändern, bis ein normales Spiel 7 gegen 7 möglich wird.
Entscheidend bei der Planung zur Vermittlung eines Spiels sind die äußeren Bedingungen und Voraussetzungen. Dazu gehören etwa die *Zielgruppen*: Handelt es sich um Schulklassen, Neigungsgruppen in der Schule oder Arbeitsgruppen? Um Vereinsmannschaften oder Freizeitgruppen? Geht es um jüngere oder ältere Schüler, um Erwachsene, Männer oder Frauen? Welchen Leistungsstand besitzt der einzelne oder die Gruppe?
Das entscheidende Problem ist: Aus welcher Motivation handelt die Gruppe, ist sie stark oder weniger stark leistungsorientiert? Oder liegt ihre Motivation mehr in der Freizeitbeschäftigung, so daß das Handballspielen eher als Hobbysport gesehen wird?
Erst nach Klärung dieser Grundinteressen kann der Trainer oder Lehrer eine Entscheidung über die Trainingsziele mit der damit verbundenen Trainingsmethodik fällen.
Sicher werden die Ziele einer permanenten Veränderung unterliegen. So können Freizeitgruppen zu Wettkampfmannschaften mit Leistungsorientierung und umgekehrt Wettkampfgruppen zu Gruppen mit geringerer Leistungsorientierung werden. Das führt in jedem Falle zu einer Veränderung der Zielvorstellung und damit auch zu einer Veränderung der Trainingsgestaltung.
Nachdem Motivation und Leistungsstand der Mannschaft von dem Trainer analysiert worden sind, trifft er seine Entscheidung über die Schwerpunkte und den methodischen Weg in seinem Training.

Schwerpunkte des Trainings sind:
1. Erlernen und Anwenden der Technik,
2. Erlernen und Anwenden der Taktik,
3. Verbessern der Kondition.

Diese drei Faktoren bilden die spielbeherrschenden Elemente. Sie bedingen und ergänzen einander, haben also komplexen Charakter. Insofern ist das Spiel als Einheit zu betrachten; das Training ist nach diesem Grundsatz zu planen, vorzubereiten, zu organisieren und durchzuführen.

Lehr- und Trainingsprogramme

Erfolgreiche Übungs- und Trainertätigkeit verlangen Erhalt und stetig erneute Erzeugung von *Motivation*. Das Training sollte so gestaltet werden, daß es dauernde Anregung zum Weitermachen vermittelt. Selbst wenn dem Spieler bewußt ist, daß er bestimmte Übungsteile bis zur Perfektion üben muß – etwa einen speziellen Torwurf –, wird irgendwann eine psychische Ermüdung eintreten, die sich negativ auswirkt. Hier wird die Abhängigkeit des Trainings von der Motivation deutlich. Der Trainer ist gezwungen, seine Programme auf diesen Aspekt hin immer wieder zu überprüfen.

Den Lehr- und Trainingsprogrammen sollte die Überlegung zugrunde liegen, daß das Spiel nur durch Spielen selbst erlernt werden kann. Dabei bildet das Üben komplizierter technischer und taktischer Elemente eine dem Leistungsstand entsprechende Ergänzung. Daraus leitet sich die Forderung ab, daß die Erlernung des Spiels durch methodisch gut aufgebaute Spielreihen erfolgen sollte, in denen die Ausbildung der technischen Grundformen Vorrang hat, und zwar in Verbindung mit technisch-taktischen Übungsreihen. Diese werden jeweils dann eingesetzt, wenn eine qualitative Verbesserung des Spiels erreicht werden soll.

Hat der Trainer die äußeren Bedingungen und Voraussetzungen, die sich für seine Trainingsarbeit ergeben, analysiert, dann kann er das Trainingsprogramm auf der Basis der entsprechenden Lernphasen entwickeln. Die Analyse vollzieht sich unter Berücksichtigung folgender Fragestellungen:

1. Welche *konditionellen* Voraussetzungen besitzen die Spieler, und welche müssen besonders trainiert und entwickelt werden?

Unter Kondition versteht man ganz allgemein die körperlichen Voraussetzungen, die zur Durchführung eines Spiels notwendig sind.

2. Welche *Bewegungsfertigkeiten* besitzen die Spieler, und welche müssen besonders trainiert und entwickelt werden?

Unter Bewegungsfertigkeiten versteht man die durch Üben gebildeten sportlichen Bewegungen, die der Spieler ausführt. Erst wenn die Bewegung beherrscht wird, kann man sie auch in einem komplizierten System anwenden. Beispielsweise genügt es nicht, irgendeinen Sprung beim Handball auszuführen. Vielmehr muß dieser Sprung mit möglichst wenig Anlauf sehr steil und hoch ausgeführt werden, ohne daß dabei das Schwungbein besonders eingesetzt wird.

3. Welche *Spielfertigkeiten* besitzen die Spieler, und welche müssen besonders trainiert und entwickelt werden?

Unter Spielfertigkeiten versteht man spezielle Bewegungsfertigkeiten, die zur Beherrschung eines Spiels unerläßlich sind und die insgesamt erst das Spiel ermöglichen.

4. Welche *Spielfähigkeit* besitzen die Spieler?

Unter Spielfähigkeit versteht man die Anwendung spezieller Spielfertigkeiten im System des Spiels. Ein Kriterium wäre zum Beispiel, inwie-

weit ein Spieler in der Lage ist, verschiedene Wurfarten in Verbindung mit Finten in einer bestimmten Situation anzuwenden.
Eine auf diese Fragestellungen aufbauende Analyse ermöglicht dem Trainer, Schwerpunkte für die verschiedenen Lernphasen zu entwikkeln. Dabei wird er von unterschiedlichen methodischen Ansätzen ausgehen müssen.

Trainingsmethodik der 1. Phase

Die Trainingsmethodik der 1. Phase ist gekennzeichnet durch:
1. Erzeugung und Erhalt der Motivation zum Handballspiel,
2. Entwicklung von Grundformen der Technik,
3. Entwicklung von einfachen Grundformen der Taktik.

Diese drei Schwerpunkte werden mit Hilfe von *Spielreihen* entwickelt. Am Anfang steht die einfachste, am leichtesten zu erlernende Form, die sich bis zur schwierigsten Form steigern läßt.
Für eine Spielreihe Handball bietet sich für die *Spielform 1* die *Kombination 2:2:1* (2 Angriffsspieler, 2 Abwehrspieler, 1 Torwart) an. In dieser Spielform zeigt sich bereits die Spielidee des Handballs, nämlich Torwurf und Verhinderung des Torwurfes. Alle Grundtechniken wie Passen, Annehmen, Führen und Werfen des Balles kommen hier zur Anwendung.
Mit Hilfe dieser einfachen Form wird das Handballspiel unter Verringerung der Spielerzahl und unter Beachtung der Regeln schnell erlernt werden können. Der Vorteil der Verringerung der Spielerzahl liegt darin, daß die beiden Spieler, die zusammenspielen, aufeinander angewiesen sind. Dadurch kommt es zu häufigen Ballkontakten.
Um eine größere Sicherheit beim Passen und Annehmen zu gewährleisten, ist auch eine Kombination 3:2:1 denkbar (3 Angreifer, 2 Abwehrspieler und 1 Torwart). Außerdem ergibt sich dadurch die Möglichkeit, daß der dritte freistehende Angriffsspieler mehr Zeit zu einem erfolgreichen Torwurf bekommt.

Organisatorisch läßt sich diese Spielform folgendermaßen lösen:
Die Halle wird je nach Größe in mehrere Felder aufgeteilt. Zusätzliche Tore werden durch Zusammenstellen von Sprungständern geschaffen, die in der Höhe durch Spannen einer Schnur begrenzt sind.
Man kann den Spielraum der Angreifer einengen, um den Abwehrspielern ihre Aufgabe zu erleichtern. Durch einen Rollentausch innerhalb der Fünfergruppe und auch mit den anderen Gruppen – jeder mit jedem, jeder wird Torwart, jeder wird Angriffsspieler, jeder wird Abwehrspieler – läßt sich eine frühzeitige Spezialisierung vermeiden.

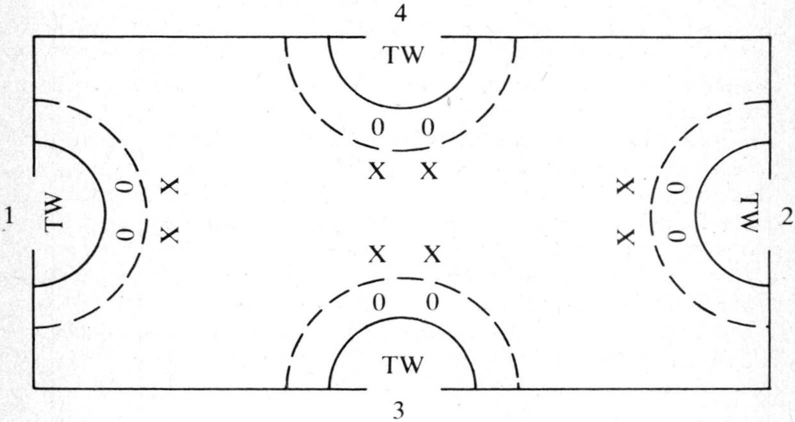

Es ist zu überlegen, ob man nicht eine erweiterte Kombination 2:2:1:1 oder 3:2:1:1 anwendet (2 oder 3 Angriffsspieler, 2 Abwehrspieler, 1 Torwart und 1 Schiedsrichter). Gewechselt wird folgendermaßen: Der Torwart wird Schiedsrichter, der Schiedsrichter Angriffsspieler etc.

Das hat mehrere Vorteile: Es können noch mehr Spieler gleichzeitig ins Spiel einbezogen werden. Jedes Feld hat seinen Schiedsrichter, und jeder Spieler muß sich mit den Regeln vertraut machen, da er in die Lage kommt, selbst Schiedsrichter zu werden.

Man könnte bei diesen Grundformen von *Minihandball* sprechen, selbst wenn ein Element der Spielidee – das Spiel auf zwei Tore – nicht beachtet wird und dadurch bestimmte Regeln des Spiels nicht zum Tragen kommen. Sicher ist bei der Lösung dieser Frage in Erwägung zu ziehen, ob nicht eine Spielform 2:2:2 (2 Angreifer, 2 Abwehrspieler, 2 Torwarte) besser wäre. Dem steht entgegen, daß der Charakter des Spiels kaum verändert wird, wenn der Rollentausch zwischen Angriff und Abwehr häufig stattfindet. Die Vorteile einer Begrenzung des Raumes liegen in der Möglichkeit, das Spiel besser beobachten zu können, was zum Erkennen der Fehler entscheidend beiträgt.
Die Einschränkung des Regelwerkes bedeutet nur eine vorübergehende Maßnahme; denn auf dieser Stufe des Erlernens ist es viel wichtiger, die Grundtechniken des Spiels unter möglichst einfachen Bedingungen zu üben und zu trainieren. Es geht also nicht um die Abschaffung bestimmter Regeln, sondern um deren Einengung zugunsten der technischen und taktischen Schulung.
Aus der Spielform 1 (2:2:1) lassen sich mit fortschreitender Verbesserung der Spielfertigkeiten weitere *Spielformen* entwickeln, z. B.:

Spielform 2 (3:3:1)
Spielform 3 (4:4:1)
Spielform 4 (5:5:1)
Spielform 6 (6:6:1)
Spielform 7 (6:6:2)

Das Regelwerk wird mit fortschreitendem Erfolg mehr und mehr herangezogen, bis am Ende das Spiel mit seinem vorgeschriebenen Regelrahmen stattfinden kann.
Das spielerische Erlernen des Spiels bedeutet nicht nur Erlernen mit Hilfe der Spielformen. Ebenso intensiv müssen bestimmte Spielfertigkeiten trainiert werden, wie auch ständig die Kondition zu verbessern ist. Das Verbessern der Spielfertigkeiten erfolgt mit Hilfe von Übungsreihen, welche die Spielreihe ergänzen.
Die *technischen Übungsreihen* gliedern sich in sechs *Hauptübungsreihen*, die inhaltlich mit einer Vielzahl von Übungsformen gefüllt werden können. Dabei muß das Prinzip der fortschreitenden Schwierigkeit beachtet werden.

Technische Übungsreihen

Reihe I (Führen des Balles)
Reihe II (Passen des Balles)
Reihe III (Annehmen des Balles)
Reihe IV (Werfen des Balles)
Reihe V (Individuell technische Angriffsformen)
Reihe VI (Individuell technische Abwehrformen)

Die einzelnen Reihen geben das Lern- oder Trainingsziel an. Jede Reihe muß durch Übungsformen inhaltlich gefüllt werden. Die Übungsformen sollten so gewählt werden, daß mit ihrer Hilfe das geplante Trainingsziel erreicht werden kann.

Beispiel

Übungsformen zum Passen aus dem Stand (1) Übungsformen zum Passen aus dem Lauf (2) Übungsformen zum Passen aus dem Sprung (3)	Trainingsziel: Passen (II)

Zu II1, II2, II3 lassen sich je nach Schwerpunkt beliebige Übungen einsetzen.

Es ist keine Frage, daß die Komplexität des Spiels, also die Gesamtheit aller Merkmale und Möglichkeiten eines Spiels, gesehen werden muß; denn Passen und Annehmen des Balles lassen sich kaum voneinander trennen. Aber es lassen sich bestimmte Schwerpunkte bilden, die beim Training besonders geübt werden. Die Bewegungskorrektur in der Reihe II wird sich nicht gleichmäßig auf alle auftretenden Fehler konzentrieren, sondern vor allem auf das gesteckte Trainingsziel ausgerichtet sein.
Die *taktischen Übungsreihen* gliedern sich in sechs Hauptreihen, die sich jeweils auf das Training der taktischen Möglichkeiten in Angriff und Abwehr beziehen.

Taktische Übungsreihen

Reihe A (individuell taktische Angriffsformen)
Reihe B (gruppentaktische Angriffsformen)
Reihe C (mannschaftstaktische Angriffsformen)
Reihe D (individuell taktische Abwehrformen)
Reihe E (gruppentaktische Abwehrformen)
Reihe F (mannschaftstaktische Abwehrformen)

Auch hier geben die einzelnen Reihen die Trainingsziele an, die durch entsprechende Übungen inhaltlich gefüllt werden.

Beispiel

Übungsformen zum Stören in der Abwehr (1) Übungsformen zum Verschieben in der Abwehr (2) Übungsformen zum Übernehmen/ Übergeben in der Abwehr (3)	Trainingsziel: individuell taktische Abwehrformen (D)

Zu D1, D2, D3 lassen sich je nach Trainingsziel bestimmte Übungen einsetzen.

Mit Hilfe der Analyse, die Aufklärung über den Leistungsstand der Gruppe oder Mannschaft gibt, können das Trainingsziel bestimmt und die geeignete Trainingsmethodik entwickelt werden.

Beispiel
Zur Betreuung steht eine Anfängergruppe oder -mannschaft. Schwerpunkte im Training sind:
1. Schaffung und Erhalt von Motivation für das Handballspiel;
2. Erlernen technischer Grundformen.
Man trainiert das Handballspiel in vereinfachter Form – also Handballspielen im Sinne der Spielidee, der Anwendung von Grundformen der Technik und der vereinfachten Regeln. Sinnvollerweise bietet sich auf dieser Stufe die Anwendung der Spielreihe Handball mit der ersten Spielform 2:2:1 an. Die auftretenden Fehler werden genau beobachtet, bewußt gemacht und mit Hilfe von technischen Übungsreihen abgestellt. Damit verbessert sich die Spielfähigkeit, und man kann höhere Anforderungen entwickeln, zum Beispiel in den Spielformen 3:3:1 oder 4:4:1.
Der Trainer wird nach dem Stand der Spielfertigkeiten entscheiden, welche technischen und taktischen Übungsreihen in das Training eingebaut werden müssen, um eine weitere Steigerung der Spielfähigkeit zu erreichen.

Beispiel für eine Trainingseinheit
Trainingsschwerpunkt ist die Anwendung der Spielform 2 (3:3:1) aus der Spielreihe. Zusätzlich sollen die technischen Übungsreihen II (Passen) und III (Annehmen) zur Verbesserung der Spielfähigkeit trainiert werden. Dazu wählt der Trainer entsprechende Übungen aus. Mit fortschreitender Verbesserung stellt er höhere Anforderungen an die Abwehrspieler und läßt Übungen zur Verbesserung der Taktik in der Abwehr aus der taktischen Übungsreihe D trainieren.

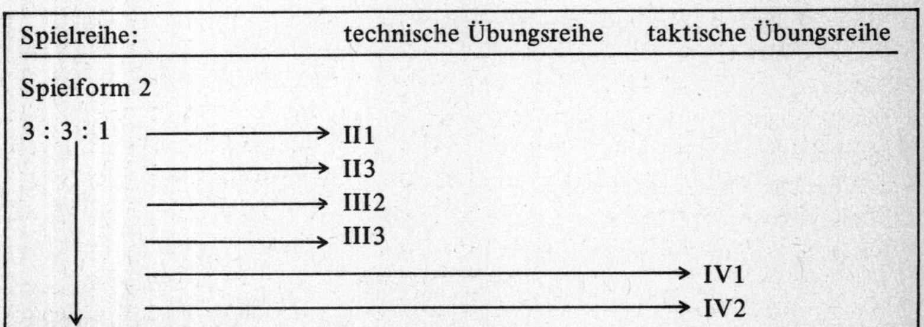

Trainingseinheit: Verbesserung der Spielfähigkeit mit Hilfe der Spielform 2

Schwerpunkte: Training der Spielform 2 (3:3:1)
Training der technischen Übungsreihen II und III
Training der taktischen Übungsreihe D

Spielform 2 wird zur Grundlage des Trainings. Während der Beobachtung wird beispielsweise festgestellt, daß Schwierigkeiten beim Annehmen und Passen des Balles auftreten. Um diese Grundtechniken zu schulen, wird der Trainer die Hauptübungsreihen II und III aus den technischen Übungsreihen zur Verbesserung heranziehen. Gleichzeitig kann er aus dem Bereich der Taktik individuell taktische Abwehrformen trainieren lassen, um damit das taktische Abwehrverhalten schon frühzeitig zu schulen.

Durch die Entwicklung taktischer Fähigkeiten in der Abwehr werden die Angreifer gezwungen, eine höhere Qualität in den Angriffsformen einzusetzen, die ihrerseits zur Verbesserung der Spielfertigkeiten, etwa des Zuspiels und des Annehmens, führen. Aus diesem Wechselspiel auf der Basis spielerischen Geschehens mit dem bewußten Schulen auf technischer Ebene ergibt sich fortschreitend eine Verbesserung der Spielfähigkeit. So kann man schrittweise zu den nächst höheren Spielformen übergehen, bis ein Spiel 6:6:2 möglich wird.

Aus dem Regelwerk sollte die Schulung der Schrittregel im Mittelpunkt stehen.

Trainingsmethodik der 2. Phase

Die 2. Phase hat schwerpunktmäßig die *Verfeinerung* der technischen und taktischen Fertigkeiten zum Inhalt.

Die *erste Phase* des Erlernens kann als abgeschlossen gelten, wenn die Gruppe oder Mannschaft in der Lage ist, die Spielform 7 (6:6:2) – das Spiel auf zwei Tore – im Rahmen des Regelwerks zu spielen. Als Maßstab gilt, daß die Spieler die Grundtechniken beherrschen.

In der *zweiten Phase* ergeben sich von der Trainingsmethodik her keine grundsätzlichen Veränderungen. Jedoch verschieben sich die Schwerpunkte: Anstelle der Spielreihe, die bisher im Vordergrund der Trainingsmethodik stand, treten jetzt die technischen und taktischen *Übungsreihen.* Die Spielreihe mit ihren Spielformen nimmt im Sinne einer Kontrolle der erreichten Leistungen eine Ergänzungsfunktion an. Da in dieser Phase der Wettkampf bestimmend ist, lassen sich die Trainingsziele am Erfolg im Wettkampf überprüfen.

Trainingseinheit: Verbesserung der Spielfertigkeiten im Angriff

Schwerpunkte des Trainings: Training der technischen Übungsreihe V (individuell technische Angriffsformen)

Training der taktischen Übungsreihe B (gruppentaktische Angriffsformen)

Training der Spielform 3 (4:4:1)

Schematisch läßt sich diese Trainingseinheit folgendermaßen darstellen:

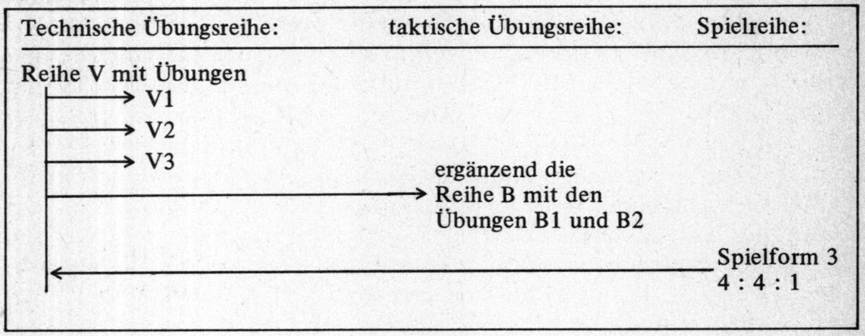

Wie bereits bei dem Trainingsbeispiel aus der ersten Phase gilt auch hier, daß der Trainer die entsprechenden Übungen zu den Reihen selbst einsetzen kann. Er wird aus der Fülle der Übungsmöglichkeiten die Übungen auswählen, die er für erfolgreich hält. In den nachfolgenden Kapiteln über *Technik* und *Taktik* werden weitere Übungsbeispiele gegeben, die exemplarisch zum Entwickeln neuer Übungen und Übungsformen dienen.

Trainingsmethodik der 3. Phase

In der dritten Phase liegt der Schwerpunkt des Trainings im *Automatisieren* der technischen und taktischen Fertigkeiten. Voraussetzung ist das Beherrschen der Bewegungs- und Spielfertigkeiten in der Feinform. Diese müssen so weit entwickelt sein, daß der Spieler in der Lage ist, sie zweckmäßig und ökonomisch einzusetzen. Auf dieser Stufe werden die technischen und taktischen Fertigkeiten so lange geübt und trainiert, bis sie nicht nur technisch einwandfrei, sondern sich auch so verfestigt haben, daß sie automatisch angewendet werden.

Daraus folgert für die *Trainingsmethodik in der 3. Phase*:

1. Technische und taktische Spielfertigkeiten werden durch Trainieren automatisiert.
2. Das Trainieren erfolgt ausschließlich mit Hilfe technischer und taktischer Übungsreihen.
3. Die Intensität des Trainierens einzelner Spielfertigkeiten wird gesteigert.
4. Die Anforderungen an das Trainieren komplexer Spielfertigkeiten

werden ständig erweitert, so daß komplizierte Spielsysteme entwickelt werden können.

5. Parallel dazu werden die Anforderungen an die Kondition – Verbesserung der Kraft, Ausdauer und Schnelligkeit – erhöht.

Die Schwerpunkte der Trainingsmethodik lassen erkennen, daß diese 3. Phase nur von Leistungsmannschaften erreicht werden kann. Dem Trainer muß durch ständige Leistungsanalyse seiner Mannschaft bewußt werden, wann er solche Anforderungen an die Spieler stellen kann. Nur dann wird er erfolgreich sein.

Voraussetzungen und Grundlagen des Trainings

Ein Training muß sinnvoll geplant, organisiert und durchgeführt werden. Das setzt voraus, daß der Trainer die entscheidenden Probleme des Trainings kennt. Dazu gehören

- Kenntnis der Ziele, Methoden, Grundlagen und Aufgaben des Trainings.
- Kenntnis über Methoden, die der Trainer anwenden kann, um seine Trainingsziele zu erreichen.

Um sich nicht mit den wissenschaftlichen Grundlagen des Trainings auseinandersetzen zu müssen, beschränken sich die folgenden Überlegungen auf wenige Hinweise.

Das Training dient zur Vorbereitung des Spielers, bestimmte sportliche Leistungen zu erzielen. Daraus ergeben sich für den Trainer folgende Aufgaben:

1. Das Training wird langfristig, zielstrebig und systematisch geplant.
2. Das Training wird nach den neuesten Erkenntnissen der Trainingslehre aufgebaut. Der Trainer sollte sich ständig mit der Literatur auseinandersetzen und Lehrgänge besuchen, um sich weiterzubilden.
3. Wechselbeziehungen zwischen Leistungsbereitschaft und Leistungsvermögen müssen erkannt, den Spielern bewußt gemacht und konsequent genutzt werden.

Das bedeutet für den Spieler, daß er bemüht ist, seine Lebensweise nach der sportlichen Tätigkeit auszurichten, also keinen Raubbau mit seiner Gesundheit zu treiben. Ferner sollte er bereit sein, seine individuellen Höchstleistungen zu entwickeln und an seiner sportlichen Selbständigkeit zu arbeiten.

Wichtige Grundsätze für das Training sind:

1. Die Trainingsbelastung wird allmählich erhöht. Überforderungen, aber auch Unterforderungen führen zum Stehenbleiben oder zur Rückentwicklung der Leistung.

2. Es sollte auf einen regelmäßigen Wechsel zwischen Belastung und Erholung geachtet werden. Übungen mit hohem Anstrengungsgrad folgen solche mit einer mäßigen bis mittleren Belastung, in die aktive und passive Pausen eingeschlossen sind. Die Anforderungen müssen gesteigert werden, damit sich der Organismus anpassen kann. Erst die Anpassung ist Voraussetzung für weitere Leistungssteigerungen.

Diese Anpassung des Organismus hängt von der Intensität der Belastung ab. Sie wird durch folgende Eigenschaften gekennzeichnet:

Reizintensität: Stärke und Zeit für die in einer Zeiteinheit geleisteten Arbeit innerhalb einer Übungsserie

Reizdichte: zeitliches Verhältnis zwischen Belastung und Erholung innerhalb einer Trainingseinheit

Reizdauer: Dauer der Belastung in einer Trainingseinheit

Trainingshäufigkeit: Anzahl der Trainingseinheiten pro Woche

Wird die Intensität unter Beachtung der Trainingsgrundsätze ständig gesteigert, dann paßt sich der Organismus besser der Belastung an; damit erhöht sich die Leistungsfähigkeit. Es müssen also auch die Anforderungen an die Trainingshäufigkeit erhöht werden, wenn die Leistung nicht stagnieren oder sich rückentwickeln soll.

Daraus folgt, daß Training auch in der ferien- und wettkampffreien Zeit weitergeführt werden sollte. Die Trainingshäufigkeit hängt von der Leistungsklasse ab, in der die Mannschaft spielt. Als Maßstab könnte gelten, daß zwischen 2- bis 4mal in der Woche trainiert wird. Für Leistungsmannschaften ist zweimaliges Training in der Woche ein kaum zu vertretendes Minimum und wird kaum zu Leistungssteigerungen führen.

3. Das Training erfolgt bewußt. Der Spieler muß den Sinn des Trainings erkennen und bewußt verarbeiten, damit er befähigt wird, höhere Anforderungen zu erfüllen. Er gewinnt an Selbständigkeit, kann das Training mitplanen und mitgestalten. Erst dann wird er in der Lage sein, im Wettkampf schneller richtige Entscheidungen zu treffen.
4. Das Training sollte übersichtlich und verständlich gestaltet werden. Die Übungen müssen so angeordnet sein, daß das Trainingsziel erkennbar wird. In den Trainingseinheiten werden bestimmte Schwerpunkte deutlich gemacht.
5. Im Training sollten möglichst Anschauungsmittel (Filme, Fotos, Skizzen) eingesetzt werden.
6. Das Training darf keine Unterbrechungen erfahren, die ein Neuaufbau von bereits erworbenen Fertigkeiten und Fähigkeiten zur Folge hätten. Die Trainingseinheiten werden dauerhaft aufeinander abgestimmt und lassen aus diesem Grunde keine Unterbrechungen zu. Die erworbenen Fertigkeiten und Fähigkeiten werden durch ständiges Üben und Wiederholen stabilisiert.

Krafttraining

Kraft ist neben Schnelligkeit und Ausdauer eine der Voraussetzungen für den Erwerb von Bewegungs- und Spielfertigkeiten. Kraft ist die Fähigkeit, Widerstände mit Hilfe der Muskelkraft zu überwinden. Die Kraft tritt im sportlichen Bereich nicht isoliert auf, sondern ist mit anderen Eigenschaften wie Schnelligkeit und Ausdauer kombiniert.
Im Training wird man solche Übungen auswählen, die Kraft in Verbindung mit den Eigenschaften Schnelligkeit und Ausdauer entwickeln. Dabei bieten sich verschiedene Möglichkeiten an:

- Kraftentwicklung mit Hilfe von Wettkampfübungen – spezielle Bewegungen, die im Wettkampf auftreten; Sprungwürfe werden zum Beispiel unter hoher Belastung trainiert.
- Kraftentwicklung mit Hilfe von Spezialübungen – hier handelt es sich um Teilbereiche bestimmter Bewegungen, die immer wieder trainiert werden.
- Kraftentwicklung mit Hilfe von allgemeinentwickelnden Übungen – das sind Übungen, die die benötigte Kraftfähigkeit für Spezial- und Wettkampfübungen erst schaffen.

Das Krafttraining kann lokalisiert am Körper vorgenommen werden:

1. Übungen mit vorwiegender Belastung der Armmuskulatur;
2. Übungen mit vorwiegender Belastung der Schultergelenk- und Schultergürtelmuskulatur;
3. Übungen mit vorwiegender Belastung der Hals- und Rumpfmuskulatur;
4. Übungen mit vorwiegender Belastung der Beinmuskulatur;
5. kombinierte Übungen.

Zur Entwicklung der Kraft eignen sich viele einfache Übungen mit und ohne Gerät: Hüpfen, Springen, Kniebeugen, Gymnastik, Heben und Tragen, Übungen mit dem Medizinball, mit dem Seil, mit der Hantel und der Reckstange, mit Keulen und Bänken, mit dem Zugseil, der Gewichtsweste und dem Sandsack, an der Sprossenwand und dem Klettertau.
Spezielle Kraft wird benötigt beim blitzschnellen Werfen, beim Werfen aus großen Entfernungen auf das Tor, beim Zuspiel aus großen Entfernungen oder bei Sprungwürfen.

Übungsbeispiele

Die folgenden Übungsbeispiele sind eine exemplarische Auswahl zu den einzelnen Bereichen. Sie dienen als Anregung, andere Formen zu entwickeln oder sich über weiterführende Literatur mit entsprechenden Formen zu beschäftigen.

Übungen mit vorwiegender Belastung der Armmuskulatur

1. als Einzelübung
Liegestütz vorlings, Hände dicht beieinander, so daß sich die Fingerspitzen berühren:
- beugen
- strecken

(Wiederholung zwischen 5- und 15mal, Serien zwischen 1- bis 3mal)

2. als Partnerübung
Handstanddrücken mit aktiver und passiver Hilfe des Partners

3. mit Gerät
Armschwingen im Stand mit leichten Hanteln (bis 5 kg) vorwärts und rückwärts

Gut geeignet sind ferner Klimmzüge am Reck und an der Sprossenwand sowie Hangeln am Tau

Übungen mit vorwiegender Belastung der Schultergelenks- und Schultergürtelmuskulatur

1. als Einzelübung
Stützeln seitwärts im Kreisbogen nach links (360°) und zurück

2. als Partnerübung
Widerstandsübung gegen das Senken der Arme in Hochhalte

3. mit Gerät
Werfen des Medizinballes mit einer Hand
Werfen des Medizinballes mit beiden Händen

Übungen mit vorwiegender Belastung der Hals- und Rumpfmuskulatur

1. als Einzelübung
Heben des Rumpfes aus der Bauchlage

2. als Partnerübung
Heben und Senken des Rumpfes aus dem Hang vorlings

3. mit Gerät
Heben und Senken des Rumpfes aus der Rückenlage, wobei sich die Füße hinter der Sprossenwand abstützen. Zur Belastung wird eine Reckstange verwendet.

Übungen mit vorwiegender Belastung der Beinmuskulatur

1. als Einzelübung
Hüpfen am Ort mit Anhocken, Spreizen und Grätschen der Beine

2. als Partnerübung
Beinstreckung mit aufliegendem Partner

3. mit Gerät
Hochsprung aus der tiefen Kniebeuge mit Sandsack oder Bleiweste

Die genannten Übungen sind auch für Jugendliche geeignet. Wie hoch der Grad der Belastung sein soll, muß der Trainer nach Leistungsvermögen und Leistungshöhe bestimmen.

Ausdauertraining

Allgemeine Fragen des Ausdauertrainings

Ausdauer ist ein bestimmender Faktor für die Leistung im Training und Wettkampf; denn Ausdauer ist die Widerstandsfähigkeit des Spielers gegen vorzeitige Ermüdung.

Es gibt zwei grundsätzliche Formen der Ausdauer:

1. die Kraftausdauer, die bei solchen Sportarten notwendig ist, welche einen hohen gleichmäßigen Krafteinsatz über einen längeren Zeitraum erfordern, wie beim Schwimmen und beim Rudern;
2. die Schnelligkeitsausdauer, die besonders in den Sportspielen wirksam wird, weil hier über einen längeren Zeitraum schnelle Bewegungen mit einem hohen Kraftaufwand ausgeführt werden müssen.

Kraftausdauer bedeutet also hohe Kraftleistungsfähigkeit bei gleichzeitigem Ausdauervermögen.

Schnelligkeitsausdauer ist die Ermüdungswiderstandsfähigkeit bei schnellen Bewegungen.

Die Entwicklung der Schnelligkeitsausdauer ist eine der wichtigsten Grundlagen für das Handballspiel, weil der Wettkampf relativ lang ist und immer wieder schnelle Bewegungen ausgeführt werden. Es wird also ein hoher Krafteinsatz mit unterschiedlicher Schnelligkeit über einen längeren Zeitraum verlangt. Man unterscheidet hier:

1. Langzeitausdauer – eine Leistungsanforderung, die länger als 8 Minuten bei gleichmäßiger Belastung dauert, ohne daß ein merklicher Abfall der Geschwindigkeit eintritt (Beispiel: 10000-m-Lauf).
2. Mittelzeitausdauer – eine Leistungsanforderung, die zwischen 2 und 8 Minuten unter hohem Krafteinsatz ausgeführt wird (Beispiel: das Durchlaufen einer Mittelstrecke von 1500 m).
3. Kurzzeitausdauer – eine Leistungsanforderung von 45 Sekunden bis 2 Minuten. Ihr Merkmal ist der höchste Einsatz von Kraft bei sehr schnellen Bewegungen (Beispiel: Sprinten).

Trainingsmethoden zur Entwicklung von Ausdauer

Ausdauer ist trainierbar mit Hilfe der Dauermethode oder Intervallmethode.

Die *Dauermethode* beinhaltet eine längere Belastung, wobei die Geschwindigkeit gleichbleibend (kontinuierliche Methode) oder unterschiedlich (Wechselmethode) sein kann. Man geht davon aus, daß Anfänger etwa 30 Minuten, alle anderen je nach Leistungsstärke 50 bis 120 Minuten belastet werden können.

Bei der *Intervallmethode* wechseln im Gegensatz zur Dauermethode stets Belastung und Erholung, wobei es in der Erholungsphase nicht zur vollständigen Erholung kommt. Als Richtwert gelten während der Be-

lastung ein Puls zwischen 160 und 180 Schlägen pro Minute und während der Erholung (ca. 90 Sekunden lang) ein Puls mit 120 bis 130 Schlägen pro Minute.
Je nach Trainingsziel wendet man an:
1. Kurzzeitintervalle (Belastung zwischen 15 Sekunden und 2 Minuten)
2. Mittelzeitintervalle (Belastung zwischen 2 Minuten und 8 Minuten)
3. Langzeitintervalle (Belastung zwischen 8 und 15 Minuten)

Der Wettkampf im Handballspiel für Männer dauert 60 Minuten. Es werden also hohe Anforderungen an die Schnelligkeitsausdauer gestellt. Bei den Bewegungen, die während des Spiels ausgeführt werden, kommt es in dieser Zeit zu Phasen, in denen ein hoher Krafteinsatz mit größter Schnelligkeit verlangt wird, und zu Phasen, in denen die Anforderungen geringer sind.
Daraus ergeben sich bestimmte Schwerpunkte:
- Ausdauertraining als Schnelligkeitsausdauer
- Ausdauertraining als Kraftausdauer

Dauermethode
1. Beispiel: Ausdauertraining nach Zeit (Streckenwechsel)
Dauer des Trainings 1 Stunde. Die Strecke wird eingeteilt in Abschnitte, die 1000 m und 500 m lang sind. Zeitbegrenzung für das Durchlaufen der 1000-m-Strecke: 300 Sekunden, das entspricht einer 100-m-Zeit von 30 Sekunden. Für die 500 m gilt eine Zeit von 125 Sekunden, das entspricht einer 100-m-Zeit von 25 Sekunden.

2. Beispiel: Fahrtspiel
Beim Fahrtspiel sucht man sich ein abwechslungsreiches Gelände mit Höhenunterschieden. Zeit zum Durchlaufen: zwischen 30 und 80 Minuten; die Geschwindigkeit wechselt ständig.

Die *Intervallmethode* eignet sich für die Schaffung der konditionellen Grundlagen des Handballspiels besonders gut, weil das Spiel aus einer Summe von immer wiederkehrenden kurzfristigen Höchstbelastungen mit großer Schnelligkeit besteht. Dementsprechend läßt sich das Intervalltraining auf Kurzzeitintervalle (Belastung zwischen 15 Sekunden und 2 Minuten) aufbauen.
Hier bietet sich das Kreis- oder Stationstraining an, weil neben Ausdauer und Kraft bestimmte technische Elemente des Spiels trainiert werden können.

1. Beispiel: Stationstraining

Station 1:

Sprungwürfe aus dem Dribbeln mit Sprung über die Latte oder Leine (Höhe der Latte oder Leine und Torentfernung je nach Leistungsstand).

Station 2:

Medizinball abwechselnd im Stand und Sitz nach oben werfen und jeweils wieder auffangen. Folge: im Stand nach oben werfen, im Sitz fangen, im Sitz nach oben werfen, im Stand fangen.

Station 3:

Ball (Handball oder Vollball 800 g) aus 4 m Entfernung gegen die Wand werfen.

Station 4:

einbeinige Sprünge über eine Hürdenbahn von mindestens vier Hürden.

Station 5:
aus der Bauchlage einen Medizinball gegen die Wand werfen. Zwischen Wand und Werfer befindet sich ein Kastenteil; der Ball muß von der Wand hinter dem Kastenteil einmal aufprellen und wird dann erst wieder aufgenommen und zurückgeworfen.

Station 6:
Abwehrdreieck aus drei kleinen Kästen. Die Kästen stehen in einer Entfernung von 3 bis 4 Metern in einem gleichseitigen Dreieck. Der Spieler bewegt sich im Seitsteppschritt zwischen den Kästen, und zwar so, daß sein Rücken immer außerhalb des Dreiecks zeigt. Jeder Kasten wird angetippt.

Station 7:
Seilspringen

Station 8:
Sprung gegen ein Basketballbrett oder gegen den Ring des Korbes.
Die Zeit für das Üben an jeder Station kann beliebig festgelegt werden; in der Regel beträgt sie zwischen 1 bis 2 Minuten. Ebenso lange sollte die Pause zum Wechseln der Stationen sein. Je nach Leistungsstandard kann eine Station zwischen 2- und 4mal durchlaufen werden.

2. Beispiel: Übungsreihe zum Trainieren der Technik in Verbindung mit der Ausdauer

Übung 1: Kurzpässe aus dem Laufen mit Tempowechsel
Nebeneinander durch die Halle laufen und den Ball passen, ohne zu tippen
Abstand beider Spieler voneinander: ca. 3 m

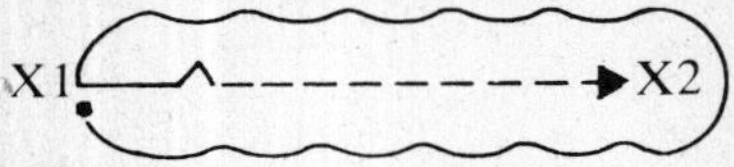

Hallenbreite
Tempo steigern!

Übung 2: Dribbeln und Passen im Sprung
X1 dribbelt mit dem Ball um X2 zurück zur Ausgangsposition, führt einen Sprung aus und paßt den Ball im Sprung zu X2.
Dann folgt X2 mit der gleichen Übung.

Hallenbreite

Übung 3: Passen im Sprung
X1 rollt den Ball zum sitzenden X2. Dieser nimmt ihn auf, macht drei Schritte und paßt im Sprung zu X1; dann läuft er in seine Ausgangsposition zurück und setzt sich wieder. Danach beginnt die Übung wieder von vorn.
Wechsel nach 10mal.

Hallenbreite
Tempo und Schärfe des Passes variieren!

Übung 4: Passen aus der Bewegung
X1 läuft mit dem Ball vor, paßt zu X2 und läuft in die Ausgangsposition zurück.
Jetzt läuft X2 vor, paßt zu X1 und läuft seinerseits in die Ausgangsposition zurück.

Übung 5: Aufnehmen eines rollenden Balles
X2 rollt den Ball X1 zu; der nimmt ihn auf und rollt ihn zurück.
Abstand der Spieler voneinander: ca. 3 m

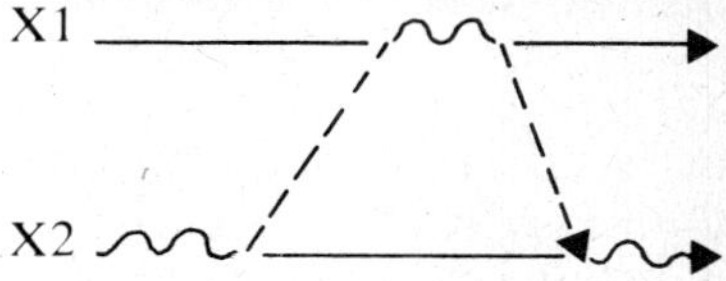

Tempo!

Diese Übungsreihe läßt sich mit anderen Übungen beliebig fortsetzen. Der Trainer kann auch die Anzahl der Übungen verringern, dafür aber die Zeit zum Trainieren der einzelnen Übungen erhöhen. Im Schnitt dürfte für eine Übungsreihe dieser Art pro Trainingseinheit eine Stunde ausreichen. Wichtig ist vor allem, daß die Übungen mit großer Intensität ausgeführt werden.
Welche Übungen oder auch welche Formen des Ausdauertrainings der Trainer schließlich wählt, bleibt ihm überlassen. Entscheidend ist, daß den Anforderungen des Spiels in bezug auf die Ausdauer im Training Rechnung getragen wird.
Das Ziel des Ausdauertrainings liegt darin, den Widerstand des Organismus gegen Ermüdung zu erhöhen. Mittelpunkt ist das Trainieren der Schnelligkeitsausdauer. Bei guten äußeren Voraussetzungen (Platz, Halle, Gelände) kann der Trainer sowohl die Dauermethode als auch die Intervallmethode einsetzen. Günstig erweist sich die Intervallmethode mit zusätzlichen Anforderungen an die Entwicklung technischer und taktischer Elemente des Spiels.

Schnelligkeitstraining

Allgemeine Fragen des Schnelligkeitstrainings
Schnelligkeit bedeutet, sich mit höchstmöglicher Geschwindigkeit zu bewegen. Grundlagen und Voraussetzungen dafür sind:
- Beweglichkeit der Nervenprozesse (schnelle Weiterleitung der Reize in den Nervenbahnen)
- Energievorräte der Muskeln
- Schnellkraft, Dehnbarkeit, Elastizität und Entspannungsfähigkeit der Muskeln
- Willensanspannung (Fähigkeit, die Willenskraft voll einzusetzen)

Trainingsmethoden zur Entwicklung der Schnelligkeit
Handballspieler müssen schnell sein. Das zeigt sich in allen Angriffs- und Abwehrhandlungen. Neben den schnellen Wurfbewegungen sind es vor allem die vielen Starts und Sprints in der Abwehr und im Angriff, die hohe Anforderungen an die Schnelligkeit stellen. Spielhandlungen können nur erfolgreich sein, wenn sie schnell ausgeführt werden. Daraus ergibt sich eine weitere Hauptforderung für das Training des Handballspiels, nämlich die Entwicklung der Schnelligkeit.
Grundlage für die Schnelligkeit, besonders in den Sportspielen, ist die Ausdauer. Ohne ausreichendes Ausdauertraining auch kein Schnelligkeitstraining!
Es wurde bereits gezeigt, daß die Schnelligkeitsausdauer schwerpunktartig mit Hilfe der Dauer- und Intervallmethode trainiert wird. Darauf baut das Schnelligkeitstraining. Es genügt nicht, wenn Spieler im Training zur Schnelligkeit Strecken bis 30 m (entspricht in etwa der während des Spiels immer wieder zu durchlaufenden Hallenlänge) durchlaufen. Aus Untersuchungen weiß man, daß gute Sprinter ihren Schnelligkeitshöhepunkt erst nach 30 m erreichen. Daher dürfen die Sprintstrecken, die mit Höchstgeschwindigkeiten durchlaufen werden, nicht kürzer als 30 m sein – in der Regel zwischen 30 und 60 m. Nur so kann die Schnelligkeit verbessert werden. Da die Belastung sehr hoch ist und sich infolge mangelnder Sauerstoffzufuhr im Muskel Abfallstoffe – etwa Milchsäure, die den sogenannten Muskelkater hervorruft – sammeln, die Leistung behindern, ist es nicht möglich, Wiederholungen kurzfristig durchzuführen. Sie dürfen erst nach 4 bis 5 Minuten erfolgen, nicht aber später als nach 10 Minuten, da sonst die zum schnellen Laufen notwendige Erregung der Nerven abklingt und somit die Bereitschaft zur Höchstleistung eingeschränkt wird.

Beispiel
- Erwärmung durch Dehnungsgymnastik (10 bis 15 Minuten)
- Läufe zwischen 30 und 60 m mit Höchstgeschwindigkeit

Die Wiederholungen erfolgen zwischen 5- und 15mal. In der Vorbereitungszeit, in der normalerweise zeitlich mehr trainiert wird, kann das Schnelligkeitstraining pro Woche in mindestens zwei Trainingseinheiten erfolgen.

Übungsformen

- Sprints über Entfernungen von 5 bis 20 m
- Sprints aus verschiedenen Startstellungen – aus der Gegenstellung, aus der Hocke, aus dem Liegen (Bauchlage, Rückenlage, Kopf in und gegen Laufrichtung) (siehe Fotos)
- Sprints mit Tempowechsel
- Sprints mit Richtungsänderungen
- paarweises Laufen mit Richtungswechsel
- Dribblings mit Richtungsänderungen und Tempowechsel
- Slalomläufe mit und ohne Ball
- Abspiel an einen Spieler aus verschiedenen Richtungen in schneller Folge
- schnelles Zuspiel an einen sprintenden Spieler

Beweglichkeitstraining

Unter Beweglichkeit, auch Biegsamkeit oder Geschmeidigkeit, versteht man die Fähigkeit, mit Hilfe der Muskeln, Sehnen, Bänder und Gelenke spezielle Bewegungen auszuführen.
Wenn bei einem Wurf auf das Tor die Ausholbewegung unvollkommen ist, dann kommen bestimmte Muskelgruppen des Armes und des Rumpfes nur ungenügend oder gar nicht zum Einsatz. Die Folge: der Wurf verliert an Härte und Genauigkeit.
Häufig klagen Handballspieler über Schmerzen in Ellenbogen- und Schultergelenken. Sie entstehen durch Überbelastung und durch fehlerhafte Bewegungen.
Es kommt dann zu schmerzhaften Zuständen in bestimmten Muskeln, Bändern oder Gelenken, die zum Pausieren zwingen.
Werden die Fehler in den Bewegungen nicht abgestellt, können die Schmerzen chronisch werden, was schließlich zum Aufhören zwingt.
Werden aber alle Teile des Bewegungsapparates richtig genutzt, dann lassen sich vorzeitige Ermüdungserscheinungen und Verletzungsgefahren vermeiden. Das setzt freilich ein intensives Training der Beweglichkeit voraus.
Zugleich ist die Beweglichkeit Voraussetzung für die vollkommene Ausnutzung der Kraft, der Ausdauer, der Schnelligkeit und der Gewandtheit. Umgekehrt werden diese Fähigkeiten in ihrer Entwicklung gehindert oder mangelhaft ausgebildet, wenn nicht alle Möglichkeiten des Bewegungsapparates genutzt werden. Folgendes Beispiel soll die Aussage verdeutlichen.

Sind die zum Spagat notwendigen Muskeln des Torwartes nicht ausreichend gedehnt, dann wird der Spagatschritt, der zum Abwehren flacher Bälle notwendig ist, mangelhaft ausgeführt. Die schwache Dehnungsfähigkeit der Muskeln im Oberschenkelbereich bedingt, daß zum Erreichen der Spagathaltung zusätzliche Kraft eingesetzt werden muß. Die Bewegung wird langsamer, und die Bälle werden schlechter abgewehrt. Kann aber die Dehnungsfähigkeit der Muskeln durch das Beweglichkeitstraining voll ausgenutzt werden, dann muß keine zusätzliche Kraft eingesetzt werden, und die Bewegung wird schneller.
Übertragen auf das Beispiel mit dem Torwart bedeutet das, daß er in der gleichen Zeit mit geringerem Kraftaufwand häufiger den Spagatschritt ausführen kann und dabei durch die qualitativ bessere Bewegung zusätzlich die Chance hat, mehr Bälle abzuwehren.
Zusammenfassend läßt sich feststellen, daß mangelnde Beweglichkeit

- die Verletzungsgefahr erhöht,
- zu schnellerer Ermüdung führt,
- ein optimales Ausnutzen von Kraft, Ausdauer, Schnelligkeit und Gewandtheit verhindert,
- die Entwicklung technischer und taktischer Fertigkeiten bremst.

Die Anforderungen an die Trainierbarkeit der Muskeln und Bänder sind jedoch nicht unbegrenzt. Gelenke verfügen nur über einen bestimmten Wirkungskreis, und Bänder können nicht endlos überdehnt werden, wenn sie noch funktionieren sollen. Den Muskeln sind in ihrer Elastizität Grenzen gesetzt. Aber durch intensives zeitlich dosiertes Training ist es möglich, zum Beispiel die Muskelgruppen des Torwartes im Oberschenkelbereich so weit zu dehnen, daß ein Spagatschritt schnell und ohne Risiko ausgeführt werden kann.

Übungen zur Entwicklung der Beweglichkeit
(Wiederholungen: 10- bis 20mal)

Für die Rumpfmuskulatur:
Rumpfbeugen vorwärts, seitwärts und rückwärts, im Stand, im Sitz, mit geschlossenen und gegrätschten Beinen.

Für die Armmuskulatur:
Vor-, Rück- und Seitschwingen der Arme, Mühlkreisen vor- und rückwärts, Schwingen in der Tiefhalte, Schlaghalte, Seithalte, Gegenschwingen und drehen.

Für die Beinmuskulatur:
Vor-, Hoch- und Seitspreizen der Beine, im Stand, im Sitz, Hürdensitz und Spagat.
Eine wichtige Voraussetzung für das Training der Beweglichkeit ist die Kraft. Durch sie wird es möglich, Spezialübungen häufig und intensiv genug durchzuführen. Insofern müssen spezielle Kraftübungen mit in das Programm des Beweglichkeitstrainings aufgenommen werden.

Weitere Voraussetzungen zum Training der Beweglichkeit

1. Die Hauptarbeit zum Beweglichkeitstraining liegt im Kindes- und Jugendalter, weil der Bewegungsapparat in diesem Alter am flexibelsten ist.
2. Im Trainingsprozeß der folgenden Jahre muß das Beweglichkeitstraining so aufgebaut werden, daß der erreichte Standard gehalten wird.
3. Selbst bei Erreichen der gewünschten Beweglichkeit sollte weiter trainiert werden, weil die Beweglichkeit schnell wieder nachläßt.
4. Man sollte im Training darauf achten, daß Übungen zur Beweglichkeit serienmäßig zwischen zehn- und zwanzigmal wiederholt werden. Die Pausen zwischen den Wiederholungen können mit Lockerungs- und Entspannungsübungen ausgefüllt werden.
5. In den Serien muß die optimale Bewegung mehrmals erreicht werden.
6. Beweglichkeitstraining sollte Bestandteil jeder Trainingsstunde sein. Es eignet sich am besten während der Vorbereitungsphase. Es sollte nicht angewendet werden, wenn der Spieler bereits müde ist.

Gewandtheitstraining

Während Beweglichkeit die Eigenschaft ist, mit Hilfe der Muskeln, Sehnen, Bänder und Gelenke bestimmte Bewegungen auszuführen, versteht man unter Gewandtheit die Fähigkeit, einzelne Bewegungsfertigkeiten zu erlernen und zu verbessern, mehrere Bewegungsfertigkeiten miteinander zu verbinden und in bestimmten Situationen anzuwenden.

Am Beispiel des *Tempogegenstoßes* kann das verdeutlicht werden.

Der Handballspieler muß in einem mit hoher Geschwindigkeit ausgeführten Lauf einen Steilpaß aufnehmen (1. Bewegungsfertigkeit), dann die Laufbewegung in eine Sprungbewegung umsetzen (2. Bewegungsfertigkeit), den Torwurf im Sprung vorbereiten (3. Bewegungsfertigkeit) und schließlich einen erfolgreichen Torwurf unter Beachtung der Reaktion des Torwartes und einer möglichen Behinderung durch einen Gegenspieler durchführen (4. Bewegungsfertigkeit).

Will der Handballspieler den Tempogegenstoß beherrschen, muß er den richtigen Zeitpunkt des Ablaufes erkennen, sein Tempo während des Laufes variieren und die Fähigkeit entwickeln, Pässe unter schwierigen Bedingungen anzunehmen, Sprungwürfe vorzubereiten und schließlich Torwürfe in einer sich schnell ändernden Situation auszuführen.

An diesem Beispiel wird erkennbar, daß zur Entwicklung der Gewandt-

heit gewisse Bewegungsfertigkeiten und Spielfertigkeiten notwendig sind, die sich zu Bewegungskombinationen verbinden lassen. So bilden Kraft, Schnelligkeit, Ausdauer und Beweglichkeit die Grundlage für spezielle Bewegungs- und Spielfertigkeiten. Erst wenn sie beherrscht werden, können sie zu einer Bewegungskette verbunden werden.
Beim Gewandtheitstraining sollte besonders geachtet werden auf:

1. gute Koordinationsfähigkeit. Der Spieler muß in der Lage sein, innerhalb von Spiel und Training mehrere Bewegungs- und Spielfertigkeiten miteinander zu kombinieren;
2. gutes Orientierungsvermögen bei allen Bewegungsabläufen;
3. gutes Anpassungsvermögen an unterschiedliche Bedingungen, die innerhalb eines Übungskomplexes oder einer Spielhandlung auftreten;
4. hohe Stabilität des Gleichgewichts bei plötzlich auftretenden Behinderungen, etwa beim Eingreifen des Gegenspielers in den Torwurf.

Da das Handballspiel durch eine Vielzahl von Handlungen gekennzeichnet ist, ergeben sich hohe Anforderungen an die Entwicklung der allgemeinen Gewandtheit (Bewegungsfertigkeiten) wie auch der speziellen Gewandtheit (Spielfertigkeiten). Danach bestimmt sich das Training:

- Es muß am Anfang des Hauptteiles durchgeführt werden, da mit zunehmender Ermüdung die Gewandtheit schnell nachläßt.
- Die Übungen sollten so schnell wie möglich, aber mit ausreichenden Erholungspausen durchgeführt werden.
- Sie müssen zunehmend schwieriger werden.
- Sie müssen zahlreich und zielgerichtet ausgeführt werden.

Übungsbeispiele zur Entwicklung der allgemeinen Gewandtheit
(Wiederholungen: 10- bis 20mal)

1. Übungsformen ohne Gerät

- Schneidersitz mit Nackenhalte der Arme: aufstehen, sich drehen und wieder in den Schneidersitz setzen; dasselbe aus dem Kniestand mit erhobenen Armen

- Sprünge: vor- und rückwärts, seitwärts rechts und links (einbeinig und beidbeinig über Medizinball)

- Läufe mit Veränderung der Geschwindigkeit und der Bewegungsrichtung: vor- und rückwärts, seitwärts, mit Nachstellschritten und Kreuzschritten

2. Gewandtheitsläufe

- Slalomstrecke mit verschiedenen Hindernissen und unterschiedlichen Bewegungsformen: durchkriechen, überspringen, rollen (vor- und rückwärts), laufen (mit Handball, Medizinball)

Mit Hilfe eines Tests läßt sich messen, ob eine Verbesserung der Gewandtheit eingetreten ist. Strecke und Bewegungsaufgaben bleiben gleich. Nach dem Lauf wird die Zeit gemessen und in einen Testbogen eingetragen.

Name:	Zeit/sec.	Zeit/sec.	Zeit/sec.	Zeit/sec.
1. Müller, K.	35	32		
2.				
3.				
4.				
Datum	17. 6.	22. 6.		

3. Übungsformen mit dem Seil

- Laufschritte mit Durchschlag vor- und rückwärts
- Schlußhüpfen mit Durchschlag vor- und rückwärts sowie Doppeldurchschlag
- einbeinig rechts und links, Durchschlag vor- und rückwärts, Doppeldurchschlag

4. Übungsformen mit dem Ball

- Ball prellen, hinsetzen und aufstehen, hinlegen und aufstehen
- im Stand den Ball um den Körper (rechts und links) herum prellen
- Ball im Lauf rechts und links prellen
- im Hinken (rechts und links) prellen, beidbeinig hüpfen und prellen

Übungsbeispiele zur Entwicklung der speziellen Gewandtheit (Spielfertigkeiten) werden im Kapitel *Technik* gegeben.

Technik

Methodische Hinweise zum Techniktraining

Technik im Handball bedeutet die zweckmäßige und ökonomische Anwendung spezieller spielbestimmender Bewegungen, die eine regelgerechte Fortführung des Spiels ermöglichen.
Es wurde bereits davon gesprochen, daß zur Entwicklung von Spielfähigkeit allgemeine und spezielle Bewegungsfertigkeiten sowie Spielfertigkeiten notwendig sind. Das bedeutet, daß neben der allgemeinen und speziellen athletischen Vorbereitung (*Kondition*) die technische und taktische Schulung der Spieler eine entscheidende Rolle spielt. Andererseits wird durch das Trainieren und Üben der technischen und taktischen Elemente die Kondition selbst mitentwickelt.
Voraussetzungen für das Erlernen der Technik im Spiel sind:

1. die Schaffung von Bewegungsvorstellungen über die zu erlernende Bewegungs- oder Spielfertigkeit,
2. das Erkennen des Bewegungsablaufes im Detail,
3. die Entwicklung der konditionellen Grundlagen.

Daraus ergeben sich verschiedene Stufen beim Erlernen der technischen Fertigkeiten:

1. Stufe: Grobkoordination der Bewegung
Hier geht es um die Fähigkeit, die Bewegung in ihren Grundzügen auszuführen. Hemmend sind erfahrungsgemäß die unkontrollierten Nebenbewegungen und Muskelanspannungen.

Es ist zu überlegen, ob das Erlernen der Bewegungen mit Hilfe gezielter Vorübungen unter erleichterten Bedingungen geschehen soll. Werfen

kann mit Hilfe kleiner Spiele wie ‹Jägerball›, aber auch mit Hilfe einer Übungsreihe ‹Werfen› geschult werden. Hier spielen das Alter und der Leistungsstand der Übenden eine entscheidende Rolle.
Bei der Herausbildung der Grobform ist es notwendig, die Übungen ständig zu variieren und zu wiederholen.
Innerhalb dieser ersten Stufe geht es also um die
- Schaffung der Bewegungsvorstellung durch eigene Versuche und
- Entwicklung der Hauptphasen der Bewegung.

2. Stufe: Feinkoordination der Bewegung
Hier geht es um die Fähigkeit zur vollkommenen Beherrschung der Bewegung – das heißt: durch Korrektur, Verfeinerung und Differenzierung wird die Bewegung präzisiert.
Methodisch geht es auf dieser Stufe darum, die Standardform der Bewegung in vielfältiger Weise: Variieren im Tempo, in der Entfernung, in der Richtung mit und ohne Behinderung zu trainieren und dann in Komplexübungen zu schulen.
Die zweite Stufe wird durch bewußtes Üben der Bewegungsdetails gekennzeichnet. Außerdem geht es hier um das Abstellen der Fehler.
Fehler können hervorgerufen werden durch:
- falsche Bewegungsvorstellungen
- mangelnde Kondition
- schlechte Koordination der Bewegungen
- falschen Krafteinsatz
- ungenügende Aufmerksamkeit

3. Stufe: Stabilisierung der Bewegung
Auf dieser Stufe kommt es zur völligen Ausbildung der Fertigkeiten und zur Automatisierung der Bewegungen. Methodisch steht das oftmalige Wiederholen der Übung in komplexen Formen unter wenig veränderten Bedingungen im Vordergrund. Dadurch soll die Bewegung einen hohen Grad an Vollkommenheit erreichen. Erst dann kann sie schnell, sicher und präzise besonders im Wettkampf angewendet werden.
Ziel auf dieser Stufe bleibt die Durchführung technischer Fertigkeiten unter taktischen Gesichtspunkten im Spiel, etwa dem des Sprungwurfs mit vorhergehender Finte aus einer bestimmten Angriffsformation heraus.

Grobkoordination der Bewegung	Vorübungen
	Übungen mit erleichterten Bedingungen
	Übungen der Standardformen im Stand, Lauf, Sprung
Feinkoordination der Bewegung	Variieren der Standardformen in Tempo, Entfernung, Richtung
	Komplexformen ohne Gegenspieler
	Komplexformen mit Gegenspieler
Stabilisierung der Bewegung	Anwendung im Training unter leichteren und schwereren Bedingungen
	Anwendung in Trainings- und Übungsspielen
	Anwendung in Wettspielen

Schema der Methodik zur Entwicklung technischer Fertigkeiten in drei Stufen

Zur Technik des Handballspiels zählen die Angriffs- und Abwehrtechnik.

Die *Angriffstechnik* untergliedert sich in:

1. Bewegungen des Spielers
   Dazu gehören: Starten und Antreten, Stoppen, Laufen mit Richtungsänderung, Springen, Fallen, Drehen und Wenden.
2. Führen des Balles (technische Übungsreihe I)
   Dazu gehören: Tippen, Prellen.
3. Passen des Balles (technische Übungsreihe II)
   Dazu gehören: Passen einhändig und zweihändig im Stand, Lauf, Sprung.
4. Annehmen des Balles (technische Übungsreihe III)
   Dazu gehören: Annehmen einhändig und zweihändig im Stand, Lauf, Sprung.
5. Werfen des Balles (technische Übungsreihe IV)
   Dazu gehören alle Würfe auf das Tor: Schlagwürfe, Sprungwürfe,

Fallwürfe, Seitfallwürfe, Knickwürfe, Sprungfallwürfe, Rückhandwürfe.

6. Individuelle technische Angriffsformen (Reihe V)
   Dazu gehören: Körpertäuschungen mit und ohne Ball, Abspieltäuschungen, Torwurftäuschungen, Täuschungen im Aufbauspiel, Täuschungen des Kreisspiels, Sperren, Schirmen.

Die *Abwehrtechnik* untergliedert sich in:

1. Bewegungen des Spielers
   Dazu gehören: Vorwärts- und Rückwärtsbewegungen, Seitwärtsbewegungen, Diagonalbewegungen, Springen, Bücken.
2. Individuell technische Abwehrformen (Reihe VI)
   Dazu gehören: Einsatz des Körpers durch Abdrängen, Bedrängen, Sperren

Blockieren des Passes und des Torwurfes
Erkämpfen des Balles durch Abfangen
Herausspielen des Balles beim Tippen und Prellen oder bei Ausholbewegungen.

Zur Abwehrtechnik gehört die *Torwarttechnik* (Trainingsformen siehe unter *Torwarttraining*, S. 125).

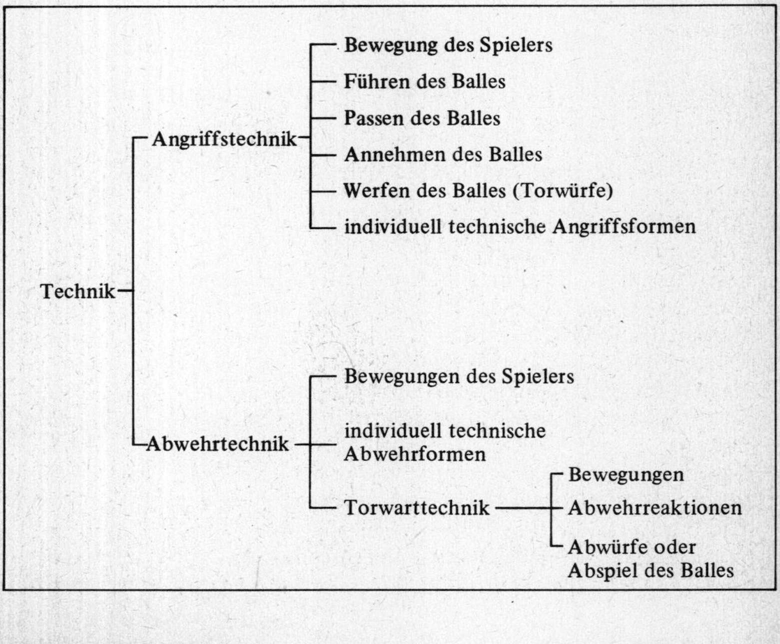

Ballführung

Die Anwendung der Ballführung (Tippen und Prellen) im Spiel erfolgt unter verschiedenen Voraussetzungen:

- bei zeitlichem und räumlichem Abstimmen der Angriffsaktionen
- bei der Spielverzögerung aus taktischen Gründen
- beim Tempogegenstoß
- bei der Beendigung einer Angriffsaktion mit dem Ziel, in eine torreife Situation zu kommen
- beim Ausweichen vor dem Gegenspieler

Man unterscheidet bei der Ballführung zwischen dem *Balltippen* (Foto links), wobei der Ball mit einer Hand gegen den Boden gedrückt und mit einer oder beiden Händen wieder aufgenommen wird, und dem *Ballprellen* oder *Dribbling* (Foto rechts), wobei der Ball beliebig oft getippt wird, ohne ihn mit einer oder beiden Händen festzuhalten.
Die Regeln erlauben das Halten des Balles innerhalb von drei Schritten oder drei Sekunden lang. Danach muß der Ball getippt, abgespielt oder geprellt werden. Beim Prellen wird der Schwerpunkt des Körpers durch Einknicken der Beine und Vorbeugen des Rumpfes vorverlagert.
Die Hauptarbeit des Prellens leisten Unterarme und Hände, wobei der Impuls aus dem Handgelenk und den leicht gespreizten Fingern kommt.
Die prellende Hand ist offen; die ballführende Hand bewegt sich von oben nach unten.

Fehler

- Der Spieler prellt den Ball mit beiden Händen.
- Der Ball wird heruntergeschlagen oder gestoßen.
- Die Ballführung erfolgt mit steifem Arm und festem Handgelenk.
- Der Ball wird festgekrallt.
- Die Ballführung erfolgt vor dem Körper, zu weit vom Körper entfernt oder auf der dem Gegenspieler zugewandten Seite.
- Der Ball wird zu hoch geprellt.
- Der Blick des Ballführenden geht nur zum Ball.

Übungsformen zur Ballführung

Unter Ballführung versteht man das sichere Tippen und Prellen des Balles. Der Handballspieler muß in der Lage sein, den Ball am Ort, im Lauf, im Sprung, mit der rechten und linken Hand, mit und ohne Blick zum Ball, um Hindernisse herum auf engem Raum und vorbei an anderen Spielern zu tippen und zu prellen.

Übungsreihe A

Ziel: Erarbeitung der Bewegung in der Grobform unter einfachen Bedingungen

1. Prellen am Ort im Stand: in verschiedenen Höhen (Kniehöhe, Hüfthöhe, Schulterhöhe, Kopfhöhe), links und rechts prellen, mit unterschiedlichem Tempo, Prellen um den Körper herum
2. Prellen am Ort: im Knien, im Sitzen, im Liegen (Bauch- und Rückenlage), vor dem Kopf, neben dem Körper, mit der rechten und linken Hand, in der Hockstellung mit dem Ball prellen
3. Prellen im Gehen und Laufen: mit Richtungs- und Tempowechsel, im Vor- und Rückwärtslaufen, mit hohem und tiefem Prellen des Balles
4. Prellen im Hüpfen: beidbeinig, einbeinig, rechts und links
5. Prellen über, um und durch Hindernisse: Turnbänke, Kästen, Kastenteile, Hürden, Malstangen (siehe Foto), Sprungständer

Übungsreihe B

Ziel: Erarbeiten und Festigen der Bewegung unter erschwerten Bedingungen

1. Pendelstaffeln

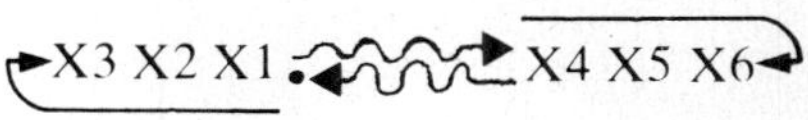

Ballweg:
X1 prellt zu X4
X4 prellt zu X2
X2 prellt zu X5
usw.

Laufweg:
X1 hinter X6
X4 hinter X3
X2 hinter X1
usw.

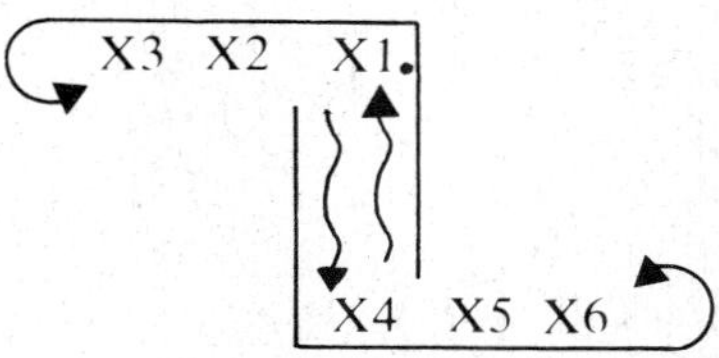

Ballweg:
X1 prellt zu X4
X4 prellt zu X2
X2 prellt zu X5
usw.

Laufweg:
X1 hinter X6
X4 hinter X3
X2 hinter X1
usw.

2. Prellen um Malstangen (×)

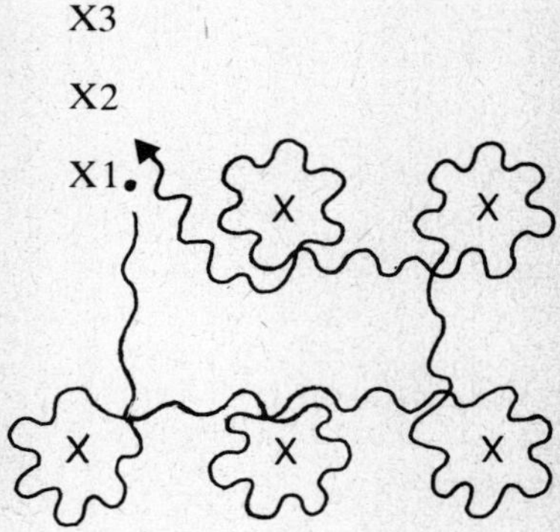

3. Prellen
im Ziehharmonikalauf

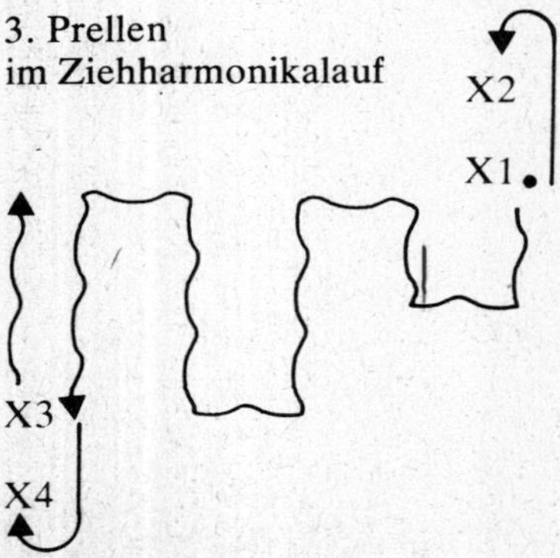

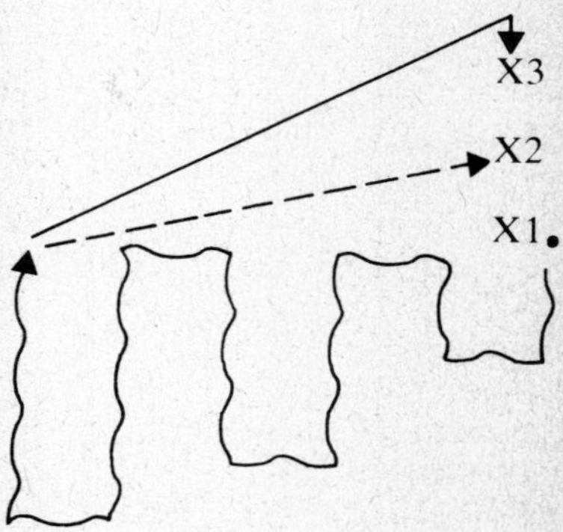

Übungsreihe C

Ziel: Festigen und Stabilisieren der Bewegung unter schwierigen Bedingungen (mit und ohne Gegenspieler, als Komplexübungen)

1. Prellen im Slalom

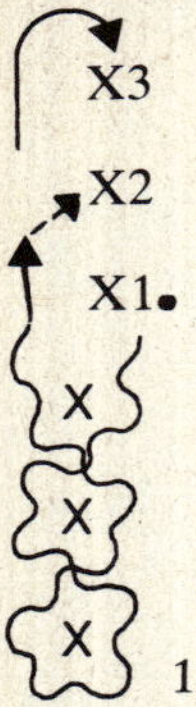

1.1.

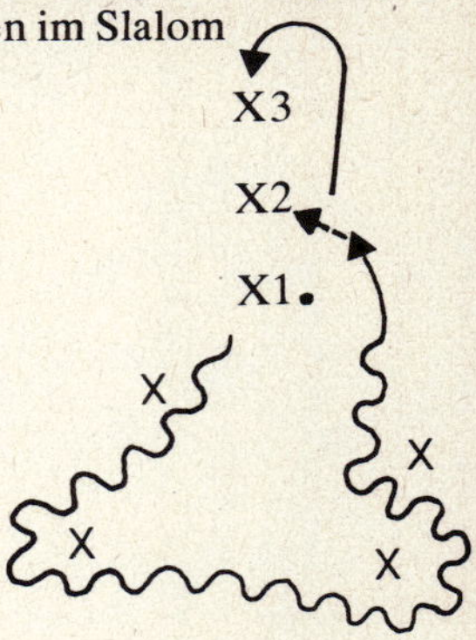

1.2.

1.3. Alle Spieler bewegen sich in einer Reihe durch die Halle. Jeweils der letzte der Reihe bewegt sich innen oder außen dribbelnd an der Reihe entlang und reiht sich vorn wieder ein (im Slalomlauf durch die Reihe).

2. Prellen mit Partner und Gegenspieler

2.1. X1 prellt den Ball durch die Halle, X2 folgt ihm und übernimmt auf ein Zeichen den Ball.

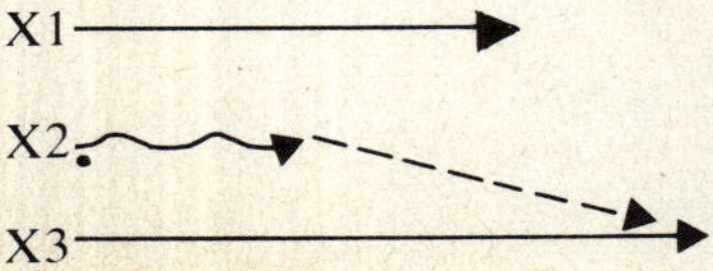

2.2. X1, X2, X3 laufen auf gleicher Höhe durch die Halle, X2 prellt den Ball. Wer X2 als erster überholt, erhält den Paß (Tempo steigern!).

2.3. X1 prellt durch die Halle
X2 folgt ihm mit gleichen Bewegungen ohne Ball (mit Ball)
X2 versucht, den Ball herauszuspielen
X2 versucht, auf die Ballseite zu kommen, X1 weicht durch Prellen rechts und links aus

2.4. Parteischnappball mit Prellen
Zwei Mannschaften stehen sich in einem begrenzten Feld gegenüber. Die ballbesitzende Mannschaft versucht, durch Prellen den Ball in ihren Reihen zu halten.

2.5. Prellballspiel
Zwei Mannschaften mit je einem Torwart stehen sich im Hallenhandballfeld gegenüber. Die ballbesitzende Mannschaft versucht, prellend den Ball ins gegnerische Tor zu bringen. Der Torwart kann durch Abwehr einen Torerfolg der gegnerischen Mannschaft verhindern. Liegt der Ball auf dem Boden oder wird er regelwidrig gespielt, erhält die andere Mannschaft den Ball.

Passen des Balles

Passen und Annehmen des Balles sind wesentliche technische Grundformen des Handballspiels, deren Übungsformen Bestandteil jeder Trainingsstunde sein sollten. Da Annehmen vorwiegend in Verbindung mit Passen oder Zuspiel geschieht, lassen sie sich in der Schulung kaum voneinander trennen. Je nach Zielsetzung des Trainings kann der Schwerpunkt des Übens beim Passen oder Annehmen liegen. Aus systematischen Gründen wird im folgenden die Beschreibung der beiden technischen Grundformen getrennt.

Passen oder Zuspiel
Durch das Zuspiel soll der Ball auf dem kürzesten und schnellsten Wege zum Partner und in eine für den Torwurf günstige Situation gebracht werden.
Dabei kann das Zuspiel:

- weich sein (weite Pässe bei Überzahlangriffen)
- scharf sein (schnelles direktes Passen zu einem Mitspieler, um ein Abfangen des Balles durch einen Gegenspieler zu verhindern)
- kurz sein (Anspiel an Kreisspieler oder Nebenspieler)
- weit sein (bei Tempogegenstößen oder Seitenwechsel)
- aus unterschiedlichen Richtungen kommen
- eine unterschiedliche Höhe haben
- unterschiedlich schnell sein

Beim Zuspiel sollte beachtet werden:

- der Ball sollte auf kürzestem Wege zugespielt werden
- vor dem Zuspiel sollte Blickverbindung mit dem Spieler hergestellt werden, der das Zuspiel erhalten soll
- das sicherste und gebräuchlichste Zuspiel ist der Schlagwurf
- das Zuspiel kann mit der rechten und linken Hand ausgeführt werden

Zuspielarten

Die gebräuchlichste und sicherste Form des Zuspiels ist der direkte *Schlagwurf*. Man unterscheidet je nach Ausführungsform, Ausführungshöhe und Ausführungsart:

- Schlagwürfe aus dem Stand, aus dem Laufen, aus dem Sprung und aus dem Fallen
- Schlagwürfe hoch, kopfhoch, schulterhoch, hüfthoch, kniehoch, bodennah
- Schlagwürfe mit und ohne Drehung, direkt und indirekt, weich und hart, als Kurz- und Langpaß

Schlagwurf

Der Ball wird mit beiden Händen bis zur Schulterhöhe und danach nur noch mit einer Hand geführt. Dabei dürfen sich die Finger nicht in den Ball verkrallen. Das Ellenbogengelenk des Wurfarms wird eingewinkelt und der Handteller mit dem Ball schräg nach hinten oben geführt.
Mit der Ausholbewegung wird beim Rechtshänder (beim Linkshänder umgekehrt) der rechte Fuß und unmittelbar danach der linke Fuß nach vorn gesetzt. Der linke stemmende Fuß wird etwas nach innen gedreht. Im Rumpf entsteht durch diese Bewegung eine starke Verwringung (Schulterachse steht quer zur Hüftachse). Diese Verwringung löst sich, wenn der Rumpf nach vorn gebracht wird. Gleichzeitig erfolgt der Armzug schlagartig über den stemmenden linken Fuß. Unter- und Oberarm bilden etwa einen rechten Winkel, wenn der Ball in Kopfhöhe nach vorn geführt wird. Die Finger liegen leicht gespreizt hinter dem Ball. Die Bewegung des Handgelenks bestimmt die Flugrichtung des Balles.
Nachdem der Ball die Hand des Werfers verlassen hat, setzt das rechte Bein auf dem Boden auf. Der Oberkörper knickt etwas nach vorn ab. Der Blick bleibt auf den Ball gerichtet.

Der Schlagwurf mit Stemmschritt wird bei Pässen über größere Entfernungen angewendet. Als Torwurf liegt seine Bedeutung in der Schärfe des Wurfes.

Fehler

- der Stemmschritt ist zu groß
- der Ball wird nur mit dem Arm geworfen, weil die Wurfarmschulter nicht ausreichend nach hinten gedreht wird
- der Blick geht nicht zum Wurfziel
- der Kopf wird weggedreht, und damit geht der Blick vom Ball verloren
- die Hand liegt nicht genau hinter dem Ball

Andere Schlagwurfarten

1. Schlagwurf ohne Stemmschritt

In seiner Bewegungsausführung entspricht er dem Schlagwurf mit Stemmschritt. Er wird als Zuspiel oder Torwurf aus dem Lauf angewendet und hat den Vorteil, daß die Laufgeschwindigkeit nach dem Wurf beibehalten werden kann. Es muß beachtet werden, daß nach der Wurfbewegung der Wurfarm nicht zu weit auf die andere Körperseite durchschwingt, weil dadurch das Abknicken des Oberkörpers begünstigt wird und damit der Lauf nicht flüssig fortgesetzt werden kann.

Fehler

- der Armzug ist zu lang und stimmt mit der Laufbewegung nicht überein
- der Kopf wird beim Wurf weggedreht, so daß der Blick den Ball nicht verfolgen kann

2. Schlagwurf aus Schulterhöhe

Auch der Schlagwurf aus Schulterhöhe gleicht in seiner Ausführung dem bereits beschriebenen Schlagwurf. Die Ausholbewegung des Armes geht hier allerdings von der Schulter aus. Da dieser Wurf im Ansatz kaum erkennbar ist, kann er überraschend und damit als Zuspiel über kürzere oder mittlere Entfernungen angewendet werden. Er erreicht jedoch nicht die Schärfe des Schlagwurfes aus dem Stand mit Stemmschritt.

Übungsformen zum Zuspiel

Unter Zuspiel oder Passen versteht man das Zuspiel des Balles an einen Mitspieler. Der Handballspieler muß in der Lage sein, sicher und variabel, am Ort, im Lauf, im Fallen, im Sprung, aus verschiedenen Positionen, mit und ohne Blickverbindung zum Partner, rechts und links unter verschiedener Ausführung zu passen.

Übungsreihe A: Zuspielformen im Stand mit und ohne Veränderung der Position

Ziel: Erarbeitung der Bewegung in der Grobform unter einfachen Bedingungen

1.
Paarweise Zuspiel mit Variationen in der Zuspielhöhe, Zuspielentfernung, Zuspielschärfe

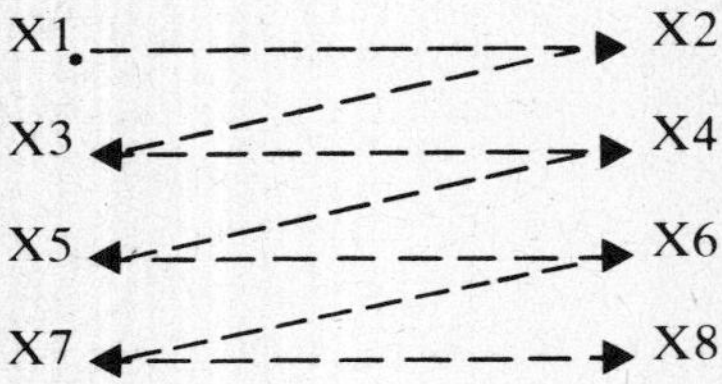

2.
Zuspiel in der Gasse mit einem und mehreren Bällen als Wettkampf: Wer spielt den Ball zwischen den Gassen am schnellsten hin und her?

3. Zuspiel im Kreis
Die Spieler stehen im Abstand von 3 bis 4 m auf der Kreislinie. Zwei Spieler befinden sich in der Kreismitte

Ballweg:
X8 zu X1, X1 zu X2
X2 zu X8, X8 zu X3
X3 zu X4, X4 zu X9

Gleichzeitig mit einem zweiten Ball:
X9 zu X5, X5 zu X6
X6 zu X9, X9 zu X7
X7 zu X1, X1 zu X2
usw.
Variationen in Zuspielhöhe, Zuspielschärfe, einhändig rechts und links

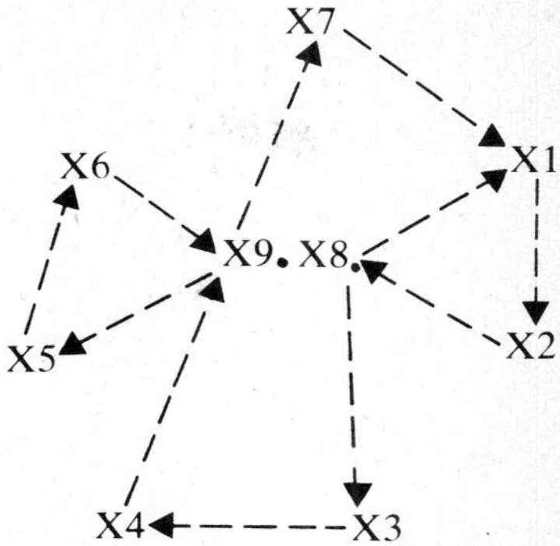

4. Zuspiel im Viereck
Abstand der Spieler:
3 bis 4 m

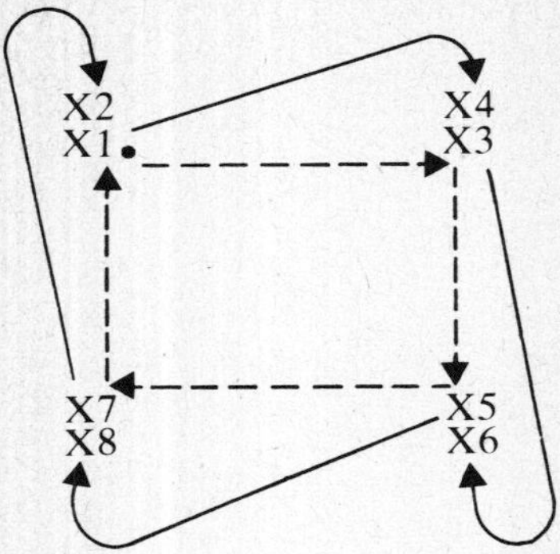

Ballweg:
Paß von
X1 zu X3
X3 zu X5
X5 zu X7
X7 zu X2
Laufweg:
X1 hinter X4
X3 hinter X6
X5 hinter X8
X7 hinter X2
Variationen in der Zuspielhöhe, Zuspielschärfe, Zuspieltempo, Zuspielart, als Wettkampf mit mehreren Vierecken nach bestimmten Aufgaben; Spielerzahl beliebig

4.1.
Abstand der Spieler:
4 bis 5 m

Ballweg:
X8 zu X1, X1 zu X2
X2 zu X8, X8 zu X3
X3 zu X4, X4 zu X9

Gleichzeitig mit einem zweiten Ball:
X9 zu X5, X5 zu X6
X6 zu X9, X9 zu X7
X7 zu X1, X1 zu X2
usw.
Variationen in Zuspielhöhe, Zuspielschärfe, einhändig rechts und links

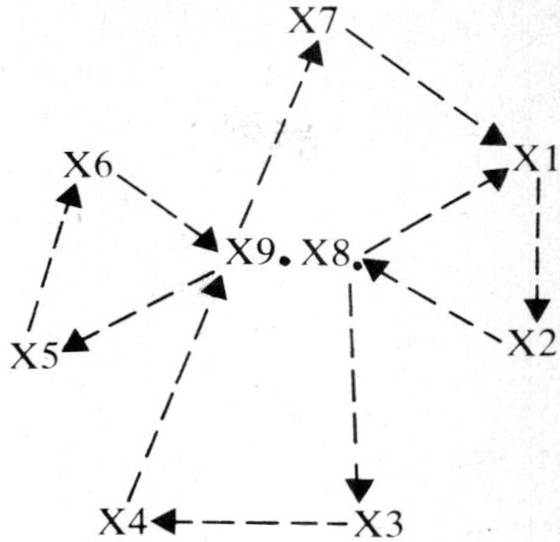

4. Zuspiel im Viereck
Abstand der Spieler:
3 bis 4 m

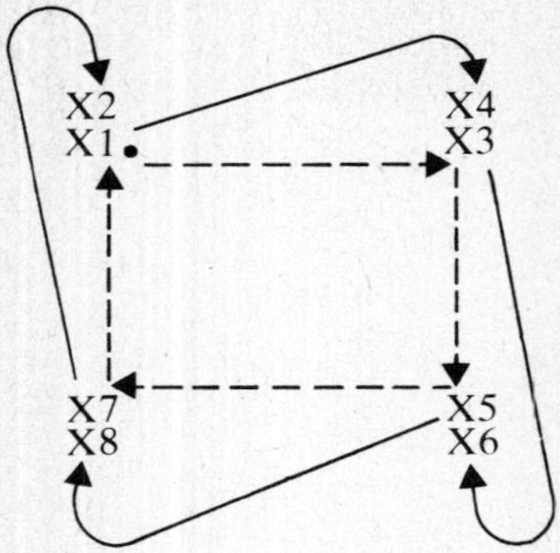

Ballweg:
Paß von
X1 zu X3
X3 zu X5
X5 zu X7
X7 zu X2
Laufweg:
X1 hinter X4
X3 hinter X6
X5 hinter X8
X7 hinter X2
Variationen in der Zuspielhöhe, Zuspielschärfe, Zuspieltempo, Zuspielart, als Wettkampf mit mehreren Vierecken nach bestimmten Aufgaben; Spielerzahl beliebig

4.1.
Abstand der Spieler:
4 bis 5 m

1. Ballweg:
X1 zu X5
X5 zu X2
1. Laufweg:
X1 hinter X8
X5 hinter X4
2. Ballweg:
X3 zu X7
X7 zu X4
2. Laufweg:
X3 hinter X2
X7 hinter X6
Variationen wie bei 4

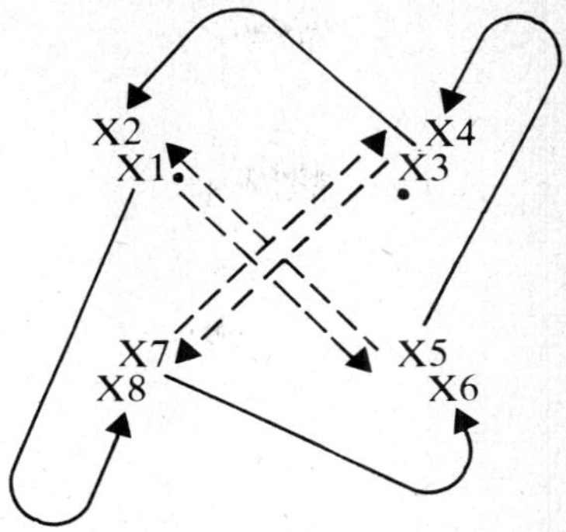

4.2.
Dem Ball nachlaufen. Spielerzahl unbegrenzt, Abstand beliebig
Ballweg:
X1 zu X3
X3 zu X4
X4 zu X5
X5 zu X2
Laufweg:
X1 nach X3
X3 nach X4
X4 nach X5
X5 nach X1
Variationen wie bei 4

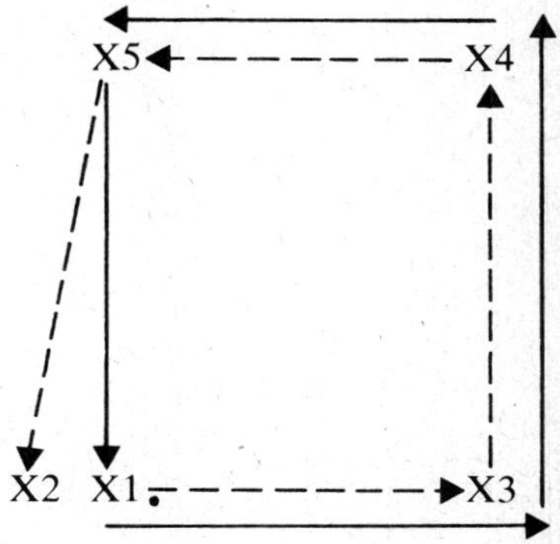

5. Zuspiel mit Wechsel der Positionen
5.1.
Ballweg:
X1 zu X4
X4 zu X2
X2 zu X5
X5 zu X3
X3 zu X6
Laufweg:
X1 hinter X3
X4 hinter X6
usw.

5.2.
Ballweg:
X1 zu X4
X4 zu X2
X2 zu X5
X5 zu X3
X3 zu X6
Laufweg:
X1 hinter X6
X4 hinter X3

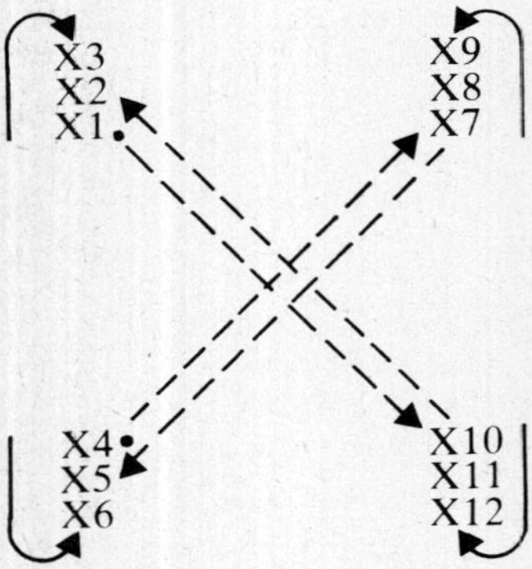

5.3.
1. Ballweg:
X1 zu X10
X10 zu X2
usw.

1. Laufweg:
X1 hinter X3
X10 hinter X12
usw.

2. Ballweg:
X4 zu X7
X7 zu X5
usw.

2. Laufweg:
X4 hinter X6
X7 hinter X9
usw.

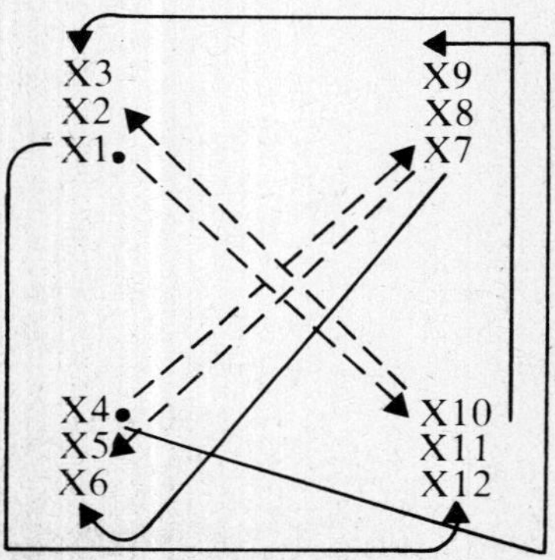

5.4.
1. Ballweg:
X1 zu X10
X10 zu X2
usw.

1. Laufweg:
X1 hinter X12
X10 hinter X3
usw.

2. Ballweg:
X4 zu X7
X7 zu X5
usw.

2. Laufweg:
X4 hinter X9
X7 hinter X6
usw.

Übungsreihe B: Zuspielformen aus der Bewegung

Ziel: Erarbeitung der Bewegung bis zur Feinform unter einfachen und schwierigen Bedingungen

1. Kurz- und Langpässe im Zweierspiel

Ballweg:
X1 paßt zu X2
X2 paßt zu X1
usw.

Laufweg:
X1 und X2 laufen parallel nebeneinander über das Spielfeld

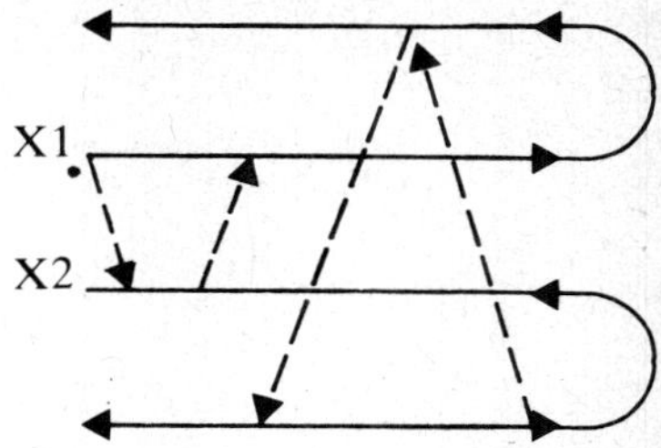

2. Zuspiel in Gegenreihen

Ballweg:
X1 paßt zu X4
X4 paßt zu X2
X2 paßt zu X5
usw.

Laufweg:
X1 läuft hinter X6
X4 läuft hinter X3
usw.

Der Paß wird in der Bewegung angenommen

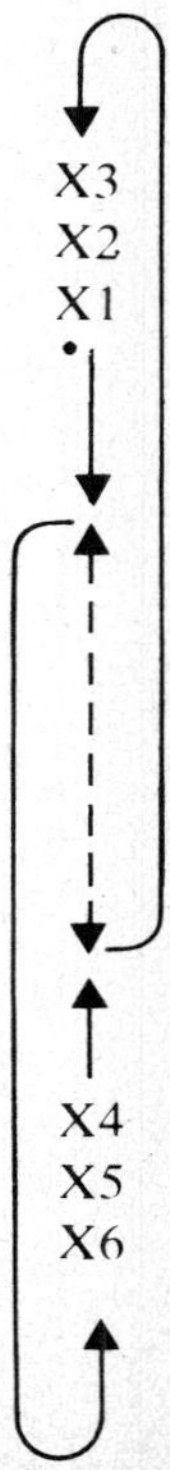

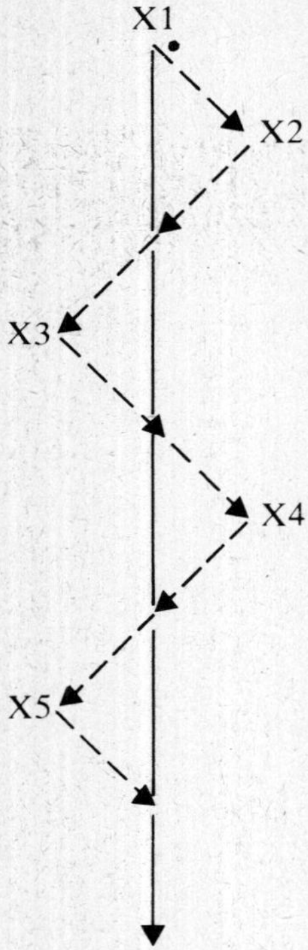

3. Zuspiel im Lauf durch die Gasse
Ballweg:
X1 paßt zu X2
X2 paßt zu X1
X1 paßt zu X3
X3 paßt zu X1
usw.
Laufweg:
X1 läuft durch die Gasse

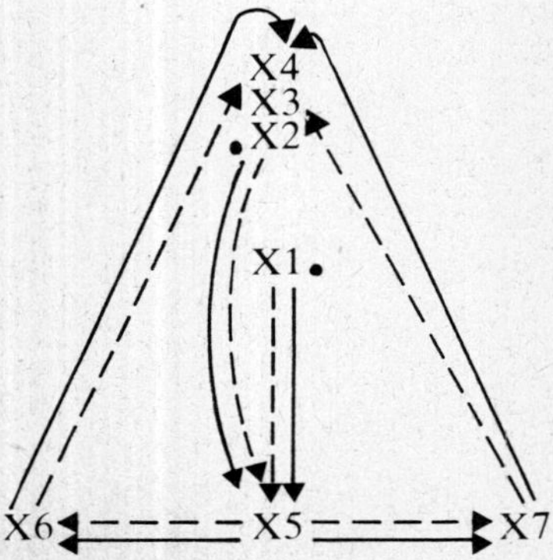

4. Pässe im Dreieck mit 2 Bällen
Ball- und Laufweg:
X1 paßt zu X5 und läuft nach
X5 paßt zu X7 und läuft nach
X7 paßt zu X3 und läuft hinter X4
usw.
X2 paßt zu X1 und läuft nach
X1 paßt zu X6 und läuft nach
X6 paßt zu X4 und läuft hinter X7
usw.

Übung 3

Übung 4

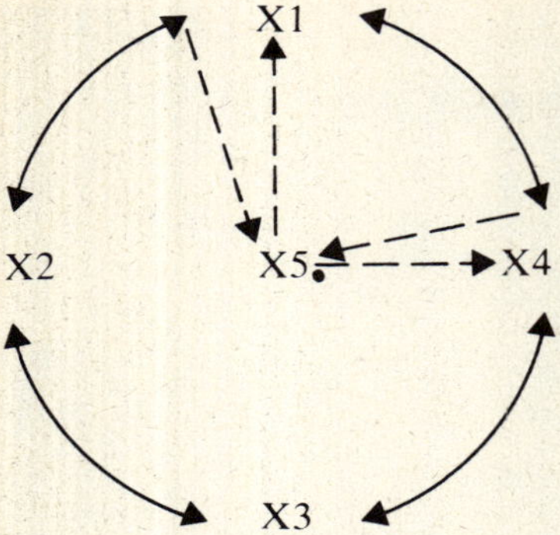

5. Pässe im Kreis
Ballweg:
X5 paßt zu X1
X1 paßt zu X5
X5 paßt zu X4
X4 paßt zu X5
Laufweg:
alle bewegen sich im Kreis (abwechselnd rechts und links herum)
Variationen: in der Zuspielhöhe und Zuspielschärfe, Tempo verändern, Mittelmann X5 austauschen

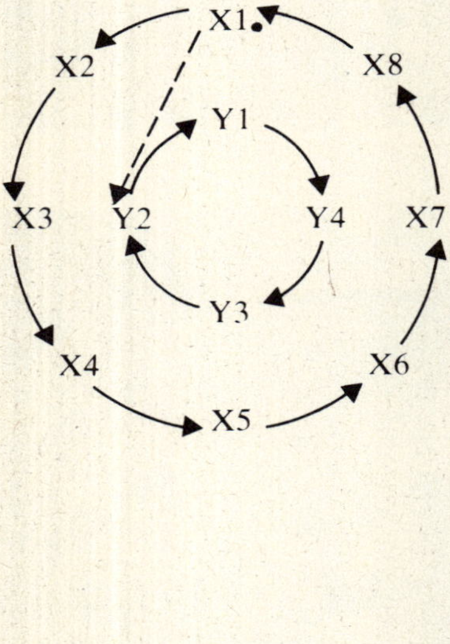

5.1. Pässe in zwei Kreisen
Ballweg:
X1 paßt zu Y2
Y2 paßt zu X8
X8 paßt zu Y3
Y3 paßt zu X7
usw.
Laufweg:
beide Kreise bewegen sich in entgegengesetzer Richtung
Variationen: Tempo verändern, zwei Bälle ins Spiel nehmen

6. Parteischnappball
Zwei Parteien mit gleicher Spielzahl stehen sich in einem abgegrenzten Feld (20×20 m) gegenüber. Jede Partei versucht, den Ball durch Zuspiel zu den Mitspielern möglichst lange in den eigenen Reihen zu halten. Wettkampfformen: Die Zuspiele werden innerhalb einer bestimmten Zeit gezählt. Welche Partei hat zuerst 50 gültige Zuspiele?

Übung 5

Übung 5.1

Weitere Zuspielarten

1. Sprungpaß
Der Sprungpaß ist ein Schlagwurf aus dem Sprung. Der Ball wird im Sprung, meistens über einen Gegenspieler hinweg, zu einem Mitspieler gepaßt.

2. Druckwurf
Der Druckwurf wird bei Zuspiel über kurze Entfernungen angewendet. Der Ball wird mit gebeugten Armen vor oder seitlich vom Körper gehalten. Durch eine schnelle Armstreckung wird der Ball vom Körper weggedrückt. Druckwürfe können in verschiedenen Höhen, einhändig und beidhändig gespielt werden.

3. Schockwurf
Der Schockwurf wird als Zuspiel über kurze Entfernungen ohne Blickverbindung zum Mitspieler angewendet. Der Arm pendelt in Richtung des Ziels; dabei wird der Unterarm schnell gegen den Oberarm gebeugt (Schockbewegung). Man unterscheidet:

- Schockwurf hinter dem Kopf
  Der Ball wird ohne Blickverbindung zum Mitspieler rückwärts, und zwar seitlich durch Einknicken des Ellenbogengelenkes hinter dem Kopf vorbei, zu einem Mitspieler gepaßt.

- Schockwurf seitwärts über den Kopf
  Geeignet zum Überspielen des Gegenspielers. Der Ball wird durch seitliches Anheben des Armes und nach Schockbewegung im Ellenbogengelenk sowie Druck des Handgelenks seitlich über den Kopf gepaßt.

- Schockwurf seitlich
  Das Zuspiel erfolgt durch kurzes Schocken oder Abknicken im Handgelenk.

- Schockwurf in Hüfthöhe nach vorn
  Der Ball liegt auf der offenen Hand, der Arm ist locker gestreckt. Bei der Ausholbewegung schwingt der Arm nach hinten und anschließend wie ein Pendel nach vorn. Die Hand klappt nach. Diese Zuspielart ist besonders bei Positionswechsel (zum Beispiel kreuzen) geeignet.

- Schockwurf in Hüfthöhe nach hinten
  Durch die Schockbewegung des Handgelenks wird der Ball etwas angehoben. So ist es möglich, den Ball ohne Drehung des Körpers zu dem im Rücken sich befindlichen Mitspieler zu passen, ohne daß der Gegenspieler eingreifen kann.

Annehmen des Balles

Unter Annehmen des Balles versteht man:
1. Fangen
2. Stoppen
3. Aufnehmen

1. Fangen des Balles
Die Technik des Fangens richtet sich nach dem Zuspiel. Danach unterscheidet man:
- Fangen sprunghoher
- Fangen reichhoher
- Fangen kopf- und brusthoher
- Fangen kniehoher
- Fangen bodennaher Bälle.

Sprunghohe, reichhohe, kopf- und brusthohe Bälle werden durch oberes beidhändiges Fangen, kniehohe und bodennahe Bälle durch unteres beidhändiges Fangen angenommen.

Bei dem oberen beidhändigen Fangen zeigen die Fingerspitzen nach oben, wobei die Finger gespreizt sind und einen Trichter formen. Daumen und Zeigefinger zeigen zueinander und bilden ein Dreieck. Die Hände und Arme strecken sich dem anfliegenden Ball entgegen.
Die Wucht des auftreffenden Balles wird durch elastisches Beugen der Arme gemindert. Bei der Bewegung zum Ball wird das eine Bein vor das Standbein geführt; beim Zurückführen der Arme wird dieses Bein wieder hinter das Standbein zurückgesetzt.

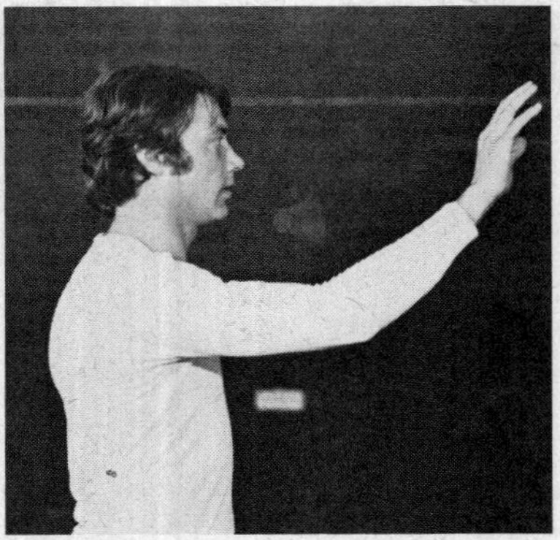

Fangen einhändig

Nach Möglichkeit soll das Fangen mit einer Hand vermieden werden, weil der Ball zu leicht verlorengehen kann. Erforderlich ist ein ausgeprägtes Ballgefühl; denn Schärfe und Flugrichtung des Balles müssen genau eingeschätzt werden.

Der Arm wird locker gestreckt dem Ball entgegengeführt. Nach der Ballannahme federt er weich zurück, wobei der Körper diese abfedernde Bewegung unterstützt. Sobald der Ball in der Fanghand liegt, wird die andere Hand zur Sicherung an den Ball genommen.

Fehler

- zu hartes Annehmen des Balles, kein Abfedern
- zu starkes Beugen der Arme vor dem Fangen
- Falsche Hand- und Fingerstellung, so daß der Ball durch die Hände fliegt
- zu spätes Fassen des Balles

Beim unteren beidhändigen Fangen zeigen die Fingerspitzen nach unten. Die Finger sind gespreizt, die beiden kleinen Finger zueinander, die Ellenbogen zum Körper.

Beim tiefen Zuspiel drehen die Hände so, daß sich die beiden kleinen Finger immer mehr einander nähern. Dabei bleiben Ellenbogen und Unterarme dicht nebeneinander. Je nach Richtung des Zuspiels wird entweder das rechte oder linke Bein zurückgesetzt (rechte Seite rechtes Bein, linke Seite linkes Bein).

2. Stoppen des Balles
Wenn der Ball nicht sofort unter Kontrolle gebracht werden kann, empfiehlt es sich, den Ball mit einer Hand zu stoppen. Dabei wird er mit der offenen Hand so abgestoppt, daß er auf den Boden prallt. Anschließend wird er mit beiden Händen gefangen.

Fehler
- zu hartes und unelastisches Entgegenstrecken des Armes
- Finger sind nicht gespreizt, so daß der Ball von den Handflächen prallt
- Körper federt nicht mit
- Sicherung durch die zweite Hand fehlt
- Stoppbewegung ist unelastisch
- die Hand wird gegen den Ball geschlagen

3. Aufnehmen des Balles

Unter Aufnehmen des Balles versteht man das Ergreifen liegender oder rollender Bälle.

Kurz vor der Aufnahme erfolgt ein Beugen des Oberkörpers; beide Hände greifen schaufelartig (Fingerspitzen zeigen nach unten) unter den Ball und heben ihn auf. Das Aufnehmen erfolgt seitlich und in Schrittstellung.

Fehler

- der Oberkörper wird zu früh gebeugt, wodurch sich die Laufgeschwindigkeit verringert
- der Ball wird beim Rechtshänder vor dem linken Fuß angenommen (beim Linkshänder umgekehrt)
- der Ball wird nicht seitlich, sondern vor den Füßen angenommen

Übungsformen zum Annehmen des Balles

Der Spieler muß in der Lage sein, den Ball aus verschiedenen Richtungen mit unterschiedlicher Stärke am Ort, im Lauf, im Sprung, auf verschiedenen Ebenen, beid- und einhändig, unter erschwerten Bedingungen, etwa in Bedrängnis, zu fangen, zu stoppen oder anzunehmen.

Übungsreihe zum Annehmen des Balles

Hier muß auf die Übungsreihen A und B im Kapitel *«Passen des Balles»* verwiesen werden. Beide Übungsreihen enthalten auch Übungsformen zum Annehmen des Balles.

Ziel: Erarbeiten der Bewegung bis zur Feinform unter schwierigen Bedingungen

1.

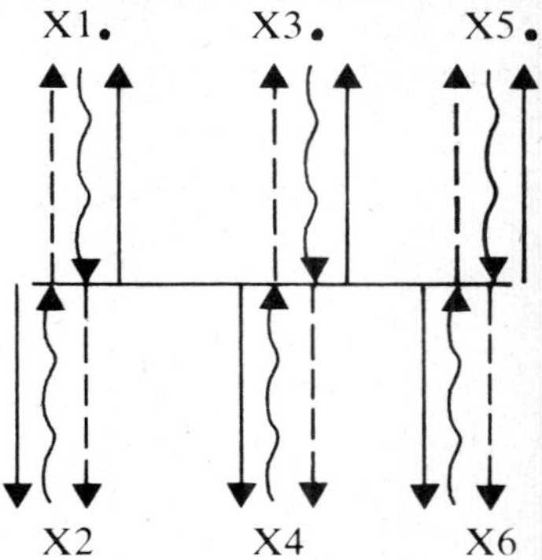

Ballweg:
X1 paßt zu X2
X2 paßt zu X1
X3 paßt zu X4
X4 paßt zu X3
usw.

Laufweg:
X1 prellt bis zur Linie und läuft zum Ausgangspunkt zurück
X2 prellt bis zur Linie und läuft zurück
usw.

Variationen: Wechsel in der Zuspielhöhe
in der Schärfe
in der Wurfart
im Abstand

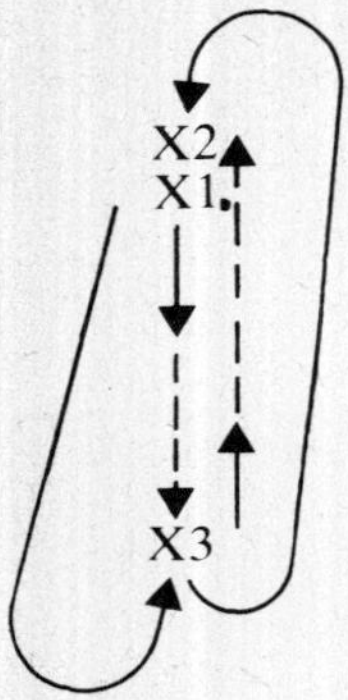

2.
Ballweg:
X1 paßt zu X3
X3 paßt zu X2
X2 paßt zu X1
usw.
Laufweg:
X1 läuft hinter X3
X3 läuft hinter X2
X2 läuft hinter X1

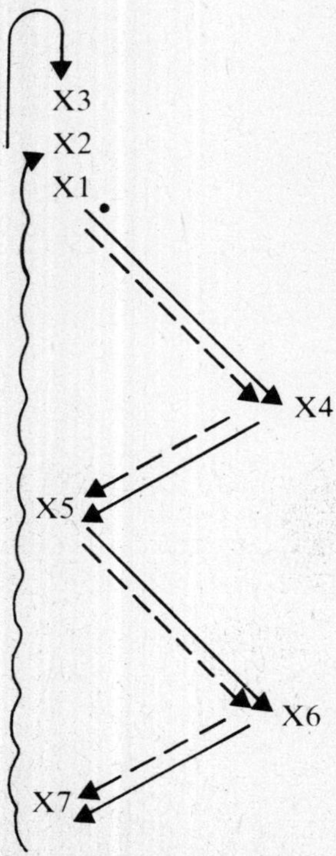

3.
Ballweg:
X1 paßt zu X4
X4 paßt zu X5
X5 paßt zu X6
X6 paßt zu X7
X7 prellt hinter X3
usw.
Laufweg:
X1 in Position X4
X4 in Position X5
X5 in Position X6
X6 in Position X7
X7 hinter X3
usw.

4.
Ballweg:
X4 zu X1, X1 zu X4
X4 zu X2, X2 zu X4
X4 zu X3, X3 zu X4
Laufweg:
X4 hinter X3
X1 in Position X4
X2 in Position X1
X3 in Position X2

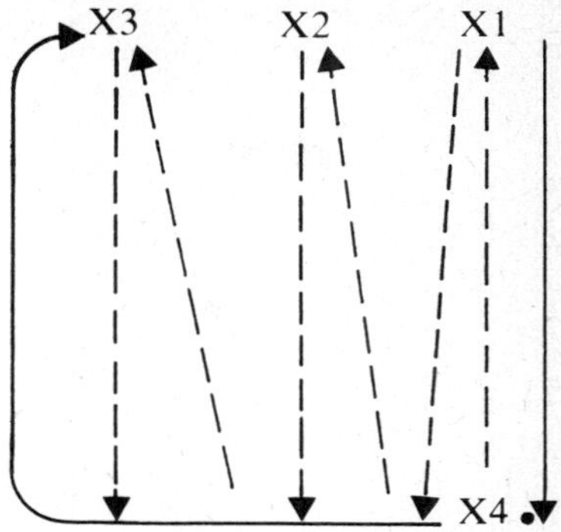

5.
Ballweg:
X4 zu X1, X1 zu X4
X4 zu X2, X2 zu X4
X4 zu X3, X3 zu X1
Laufweg:
X4 in Position X3
X1 in Position X4
X2 in Position X1
X3 in Position X2

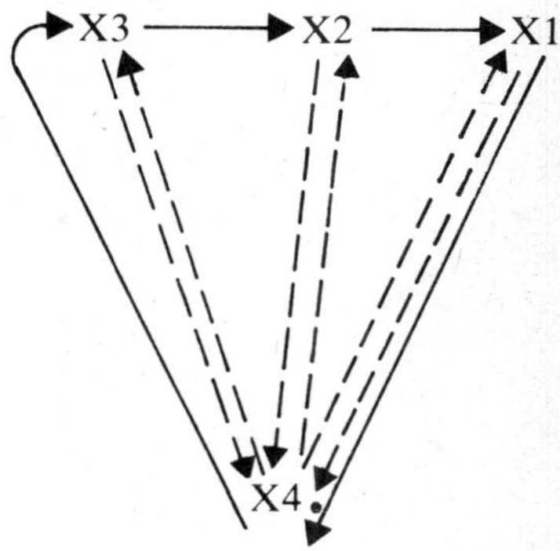

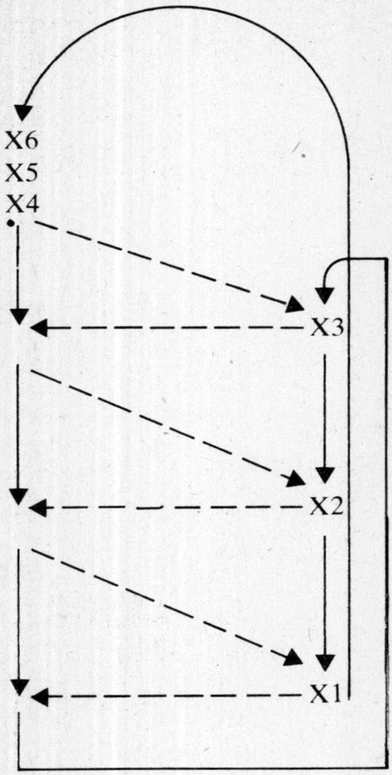

6.
Ballweg:
X4 paßt zu X3
X3 rollt zu X4
X4 paßt zu X2
X2 rollt zu X4
X4 paßt zu X1
X1 rollt zu X4
X4 paßt zu X5
Laufweg:
X4 in Position X3
X1 hinter X6
X2 in Position X1
X3 in Position X2
X5 hinter X4
X2 hinter X1

Werfen des Balles

Das Toremachen ist eine der freudvollsten Aufgaben im Spiel. Darum ist es nicht schwierig, die Übenden zum Training des Torwurfes zu motivieren.
Das Passen und Zuspielen des Balles und der Torwurf selbst gehören zu den wichtigsten Grundtechniken des Handballspiels. Deshalb muß jeder Spieler in der Lage sein, alle gebräuchlichsten Wurfarten sicher zu beherrschen und sie variabel einzusetzen.

Das Schema zeigt die gebräuchlichsten Wurfarten:

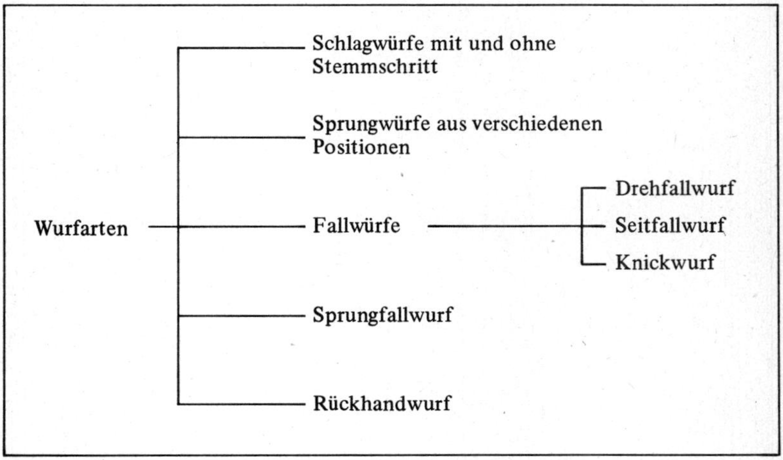

Im modernen Hallenhandball zeichnet sich zunehmend eine Spezialisierung ab. Rückraumspieler oder Aufbauspieler (ihr Aktionsradius liegt vor dem gegnerischen 9-m-Raum) sollten vor allem Sprungwürfe über den Deckungsspieler, alle Schlagwürfe und auch Spezialwürfe wie Seitfall- und Knickwurf beherrschen. Kreisspieler (sie bewegen sich innerhalb des 9-m-Raumes und an der 6-m-Linie) sollten alle Fallwürfe, Sprungwürfe in den Torraum und Kombinationen zwischen Fall- und Sprungwürfen aus allen Positionen am Kreis ausführen können.

Schlagwurf mit Stemmschritt

Ausholen: Der Ball wird schräg nach hinten oben geführt. Der rechte Fuß (beim Rechtshänder; beim Linkshänder umgekehrt) wird nach vorn gesetzt.

Stemmen: Der linke Fuß wird nach vorn gesetzt, die Fußspitze zeigt etwas nach innen (beim Linkshänder umgekehrt). Die Schulterachse steht quer zur Hüftachse.

Werfen: Die Schulter wird nach vorn gebracht, gleichzeitig erfolgt der Armzug.

Ausklang: Das rechte Bein setzt auf den Boden auf. Der Oberkörper knickt etwas nach vorn ab, der Blick bleibt auf den Ball gerichtet.

Schlagwurf ohne Stemmschritt

Ausholen

Stemmen und *Werfen*

Ausklang: Der Oberkörper bleibt aufrecht, der Arm schwingt nicht zur anderen Körperseite.

Sprungwurf

Vorbereitungsphase: Der Spieler läuft drei Schritte (Dreischrittrhythmus: links – rechts – links) mit dem Ball, den er mit beiden Händen gefangen hat.

Beim Rechtshänder erfolgt der Absprung mit dem linken Fuß. Der Oberkörper ist leicht nach vorn geneigt; Wurfarmschulter und Wurfarm werden nach hinten geführt.

Hauptphase: Der Oberkörper richtet sich auf. Das Schwungbein wird abgespreizt. Im höchsten Punkt des Sprunges wird der Wurfarm schlagartig nach vorn gebracht (vgl. Bewegung beim Schlagwurf). Das Sprungbein wird in dieser Phase nach vorn geführt.

Endphase: Der Spieler landet auf dem Sprungbein.

Zum Erlernen des Sprungwurfes

Bei der Vorbereitung ist es notwendig, aus dem Dreischrittrhythmus in den Sprung zu kommen. Wir üben den Dreischrittrhythmus zunächst mit Sprung, aber ohne Ball.

1. Rhythmisches Laufen über Turnbänke
Schrittfolge: links – rechts – links – Sprung, Landung links

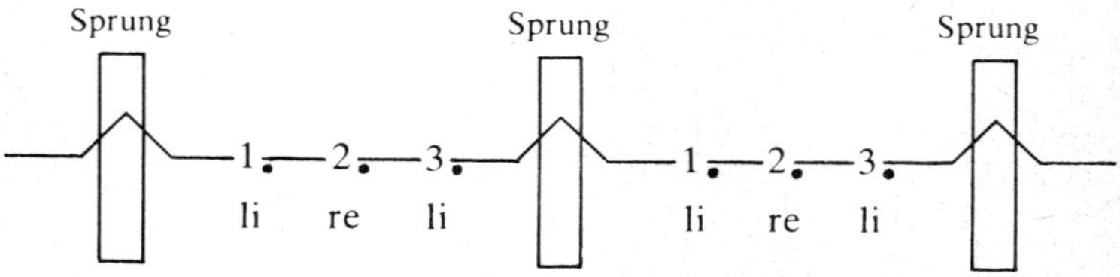

(Statt der Turnbänke kann man auch Matten verwenden.)

2. Dreischrittrhythmus mit Sprung und Zuspiel des Balles

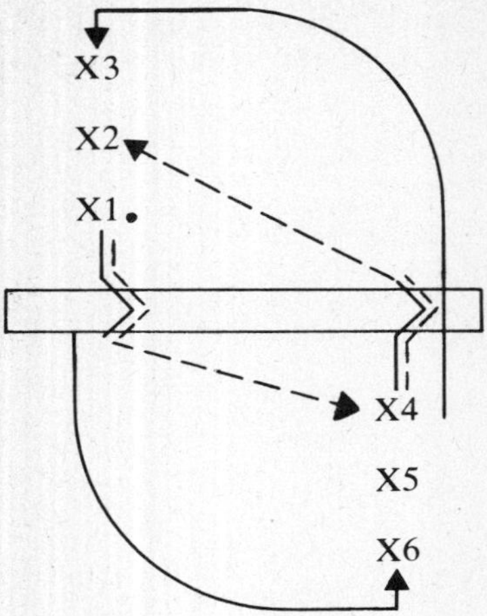

X1 führt die Schrittfolge links – rechts – links aus, springt über die Bank und spielt während des Sprunges an X4 ab
Jetzt startet X4 und spielt an X2 ab
Laufweg:
X1 hinter X6
X4 hinter X3
usw.

3. wie in 2, mit Doppelreihe auf jeder Seite

Ballweg:
X1 mit Schrittfolge links – rechts – links; Sprung und Zuspiel an X9
X9 Zuspiel an X6
X6 mit Schrittfolge links – rechts – links; Sprung und Zuspiel an X5
X5 Zuspiel an X2

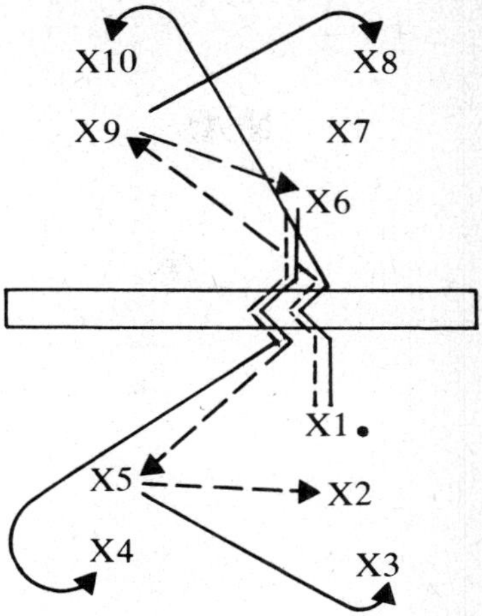

4. Dreischrittrhythmus, Sprung und Wurf, Landung auf dem Sprungbein

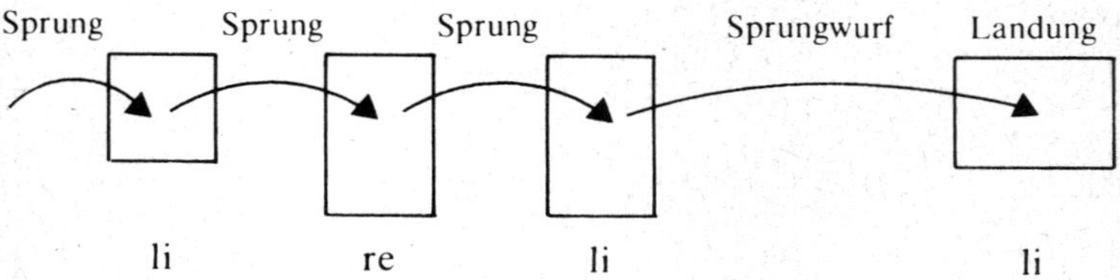

Wir beginnen mit dem linken Bein:

- erster Schrittsprung auf den kleinen Kasten, Landung links
- zweiter Schrittsprung auf den quergestellten Kasten, Landung rechts
- dritter Schrittsprung auf den höheren quergestellten Kasten, Landung links
- Absprung und Wurf
- Landung links auf der Matte (beim Linkshänder umgekehrt)

Wichtig: Landung auf dem Sprungbein (beim Rechtshänder links, beim Linkshänder rechts)

Diese Übung kann zunächst ohne Ball ausgeführt werden, um den Schrittrhythmus und das Landen auf dem Sprungbein zu trainieren. Wenn Schrittfolge und Landung beherrscht werden, ist besonders auf die genaue Ausführung des Wurfes zu achten. Um die Wurfgenauigkeit zu verbessern, wird vorher das Wurfziel im Tor angegeben, das man durch Markierungen festlegen kann (im Tor werden kleine Kästen aufgestellt und Gymnastikreifen aufgehängt). – Später stellt man einen Torwart in das Tor.
Wird die Bewegungsfolge: Dreischrittrhythmus, Absprung, Wurf, Landung auf dem Sprungbein richtig ausgeführt, dann paßt man die folgenden Übungsformen verstärkt der Spielsituation an.

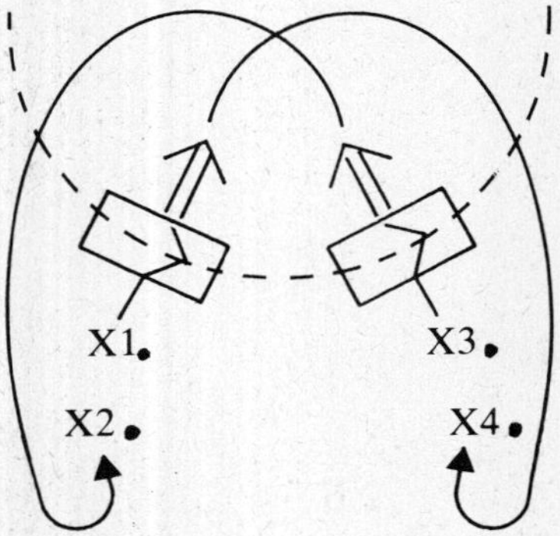

5. Dreischrittrhythmus und Sprungwurf über die Turnbank (Entfernung der Bank zum Tor ca. 9 m).

Es wird abwechselnd von der rechten und linken Position geworfen. Anschließend wechseln die Spieler ihre Position.

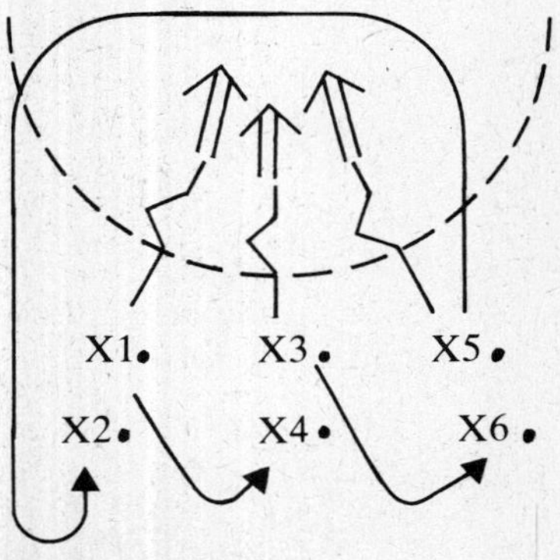

6. Sprungwürfe ohne Sprunghindernis
Es wird wieder abwechselnd von allen Positionen geworfen. Die Positionen werden im entgegengesetzten Uhrzeigersinn gewechselt.

Übung 5

Übung 6

Übungsformen zum Sprungwurf

Ziel: Verfeinerung der Technik des Sprungwurfes unter erschwerten Bedingungen

1. Sprungwurf über Hochsprungleine oder Hochsprunglatte: Zwei Sprungständer stehen im Abstand von 4 bis 5 m an der 9-m-Linie; die Höhe der Leine oder Latte richtet sich nach dem Leistungsstand der Gruppe.

2. Zwei Stufenbarren werden nebeneinander an der 9-m-Linie aufgestellt, davor werden zwei große Sprungmatten gelehnt. Die Würfe werden über die Matten hinweg ausgeführt.

Diese Übung dient gleichzeitig zur Reaktionsschulung des *Torwartes*, da die Bälle erst sehr spät von ihm gesehen werden können.

3. Jetzt werden Sprungwürfe über ein Abwehrspielerpaar ausgeführt. Die Abwehrspieler verhalten sich zunächst passiv. Später versuchen sie, die Sprungwürfe durch Blocken der Bälle zu verhindern.

Fallwurf

Fallwurf aus dem Grätschstand nach vorn. Dieser Wurf ist ein Schlagwurf im Fallen.
Vorbereitungsphase im Grätschstand: Der Ball liegt in beiden Händen vor dem Körper auf der Wurfarmseite; der Blick geht zum Ziel.

Die Fallbewegung beginnt mit dem Vorbeugen der Knie. Die Wurfarmschulter wird nach hinten genommen, und die Ausholbewegung beginnt.

Hauptphase: Der Körper streckt sich im Fallen; Wurfarmschulter und Wurfarm werden schlagartig nach vorn geführt.

Endphase: Beim Rechtshänder erfolgt ein flüchtiges Aufstützen der linken Hand. Nach diesem flüchtigen Stütz läßt man den Körper auf die rechte Seite fallen.

Fehler

- Es wird, bedingt durch die Fallangst, zu früh geworfen.
- Die Wurfarmschulter wird nicht ausreichend nach hinten gedreht, so daß nur aus dem Arm geworfen wird.
- Der Blick geht nicht zum Ziel (Torwart).
- Der Werfer landet auf den Knien, weil er den Körper nicht streckt.

Zum Erlernen des Fallwurfes

Zunächst muß die Angst vor dem Fallen genommen werden. Darum üben wir zuerst unter erleichterten Bedingungen.

1. Würfe aus der Bauchlage zum Partner (Abstand 3 bis 5 m)

2. Würfe aus dem Kniestand zum Partner

3. Würfe aus der Hockstellung zum Partner
   Nach dem Wurf nach vorn fallen lassen und abstützen.

4. Würfe mit und ohne Zuspiel aus dem Fallen
   Um Verletzungen zu vermeiden und die Fallangst zu überwinden, werden Matten benutzt.

Neben dem Fallwurf aus dem Grätschstand nach vorn gibt es einige Sonderformen, die im folgenden behandelt werden.

Drehfallwurf

Da der Kreisspieler vorwiegend aus dem Rückraum oder aus der zweiten Reihe angespielt wird, steht er meistens mit dem Rücken zum Tor. Er muß sich also drehen, um zum Wurf zu kommen.

Vorbereitungsphase: Der Spieler steht im Schrittstand (Rechtshänder rechtes Bein vor) mit dem Rücken zum Tor, der Ball liegt in beiden Händen vor dem Körper.

Die Drehung des Körpers erfolgt beim Rechtshänder über das linke Bein (beim Linkshänder umgekehrt). Die Drehung liegt zwischen 90° und 180°.

Hauptphase: Fall- und Wurfbewegung (s. Beschreibung Fallwurf)

Endphase: Landung (s. Beschreibung Fallwurf)

Übungsformen zum Erlernen des Drehfallwurfes

1. Üben der Fallbewegung aus der Drehung mit und ohne Ball
a) mit einer viertel Drehung (90°)
b) mit einer halben Drehung (180°)

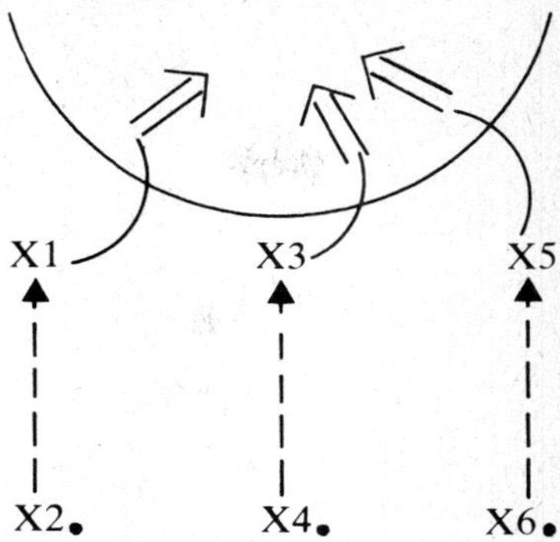

2. Üben des Drehfallwurfes mit Anspiel (Skizze oben)
Wichtig: Rechtshänder über das linke Bein!
Linkshänder über das rechte Bein!

3. Üben des Drehfallwurfes mit Abwehrspieler und Zuspiel (Skizze Mitte)
Der Abwehrspieler verhält sich passiv
Wichtig: Die Drehung dicht am Abwehrspieler ausführen!

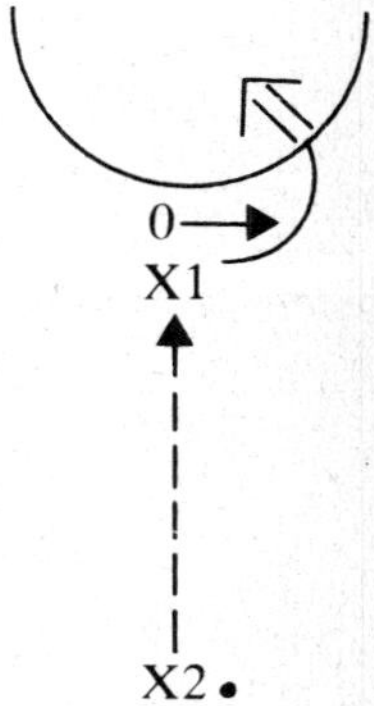

4. Üben mit mehreren Zuspielern und einem Abwehrspieler (Skizze unten)
Ballweg:
X3 zu X2, X2 zu X1
X1 an X6, X5 oder X4
X4 an X5, X6 oder X3
Während der Paß zu X1 oder X4 kommt, bewegen sich X6 und X5 vom Abwehrspieler nach rechts oder links (X6 und X5 stehen frontal zum Tor). Der Abwehrspieler folgt einem der beiden Angreifer, und der freie Angreifer wird angespielt.
Laufweg:
X3 wird X2, X2 wird X1
X1 wird X4, X4 wird X5
X5 wird X6, X6 wird X3

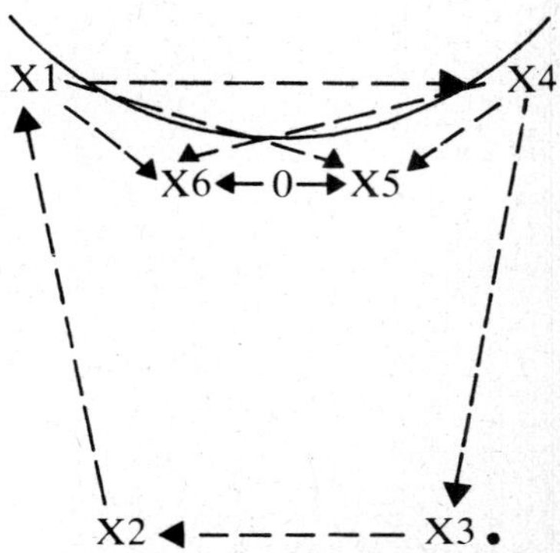

5. Üben des Fallwurfes aus der Drehung über die falsche Seite mit passivem Abwehrspieler

Der Spieler dreht als Rechtshänder über das rechte Bein und taucht tief mit dem Oberkörper nach unten; dabei liegt der Ball geschützt dicht vor dem Körper in beiden Händen.

Mit der Fallbewegung erfolgt gleichzeitig der Absprung und das Zurücknehmen von Wurfarmschulter und Wurfarm.

Mit der Streckung des Körpers erfolgt der Wurf.

Landung: flüchtiges Stützen auf den linken Arm und Abrollen über die rechte Schulter.

6. Drehfallwürfe rechts und links nach Zuspiel mit passivem Abwehrspieler
Ballweg:
X2 zu X1
X6 zu X5
Laufweg:
X2 wird X1
X1 hinter X4
X6 wird X5
X5 hinter X8

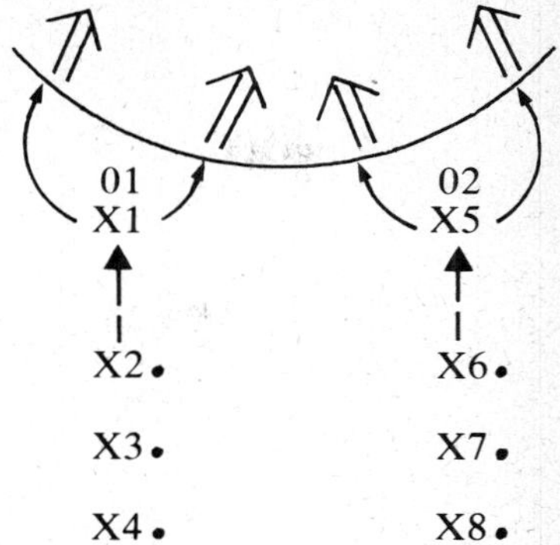

Seitfallwurf
Der Seitfallwurf wird an einem Abwehrspieler vorbei sowohl aus dem Rückraum als auch vom Kreis von allen Positionen geworfen. Die Schwierigkeit liegt darin, daß der Spieler nicht zur Wurfrichtung, sondern seitlich dazu fallen und somit aus der Schräglage werfen muß. Als ehemaliger Spezialistenwurf gehört er heute zum Wurfrepertoire eines jeden Kreis- und Rückraumspielers. Der Rückraumspieler kann durch schnelles Abbeugen des Körpers seitlich am Abwehrspieler vorbeiwerfen, und der Kreisspieler – besonders von der Außenposition her – kann sich mit diesem Wurf der Abwehrbewegung des Gegenspielers entziehen.

Vorbereitungsphase: Der Ball liegt in beiden Händen vor dem Körper an der Wurfarmseite. Der linke Fuß (beim Rechtshänder) stemmt in Höhe des linken Beines des Abwehrspielers. Wurfarm und Wurfarmschulter werden so weit zurückgenommen, daß die Schulterachse zum Tor zeigt.

Hauptphase: Mit der Ausholbewegung erfolgt ein Rückbeugen in das Hohlkreuz und eine Fallbewegung seitlich zur Spielfeldlinie hin.

Während des Fallens dreht der Körper nach vorn; dann folgt der Armzug am Kopf vorbei. Der Ball verläßt möglichst erst in Bodennähe die Hand.

Endphase: Die Landung erfolgt durch Abrollen von der rechten auf die linke Körperseite.

Um noch weiter entfernt vom Deckungsspieler zu werfen, sollte der Werfer einen kleinen Schritt nach rechts machen.
Bei Linkshändern erfolgt der Ablauf in die entgegengesetzte Richtung (linke Wurfhand, Fallen nach links).

Fehler

- Der Wurf wird zu dicht am Abwehrspieler ausgeführt.
- Der Abwurf erfolgt zu hoch, so daß der Abwehrspieler leicht blokkieren kann.
- Die Schulterachse zeigt nicht zum Tor, so daß der Wurf zu schwach ausgeführt wird.

Übungsformen zum Erlernen des Seitfallwurfes

1. Sitz (parallel zum Wurfkreis), Ausholbewegung, Fallbewegung und Wurf, Abrollen
2. Kniestand, Ausholbewegung, Fallbewegung (Hüfte nach vorn), Wurf, Abrollen
3. Hockstand, Ausholbewegung, Fallbewegung (Streckung der Beine und des Körpers), Wurf, Abrollen
4. Stand, Seitfallwurf aus der Schrittstellung über das rechte Bein, das linke Bein stemmt

Anfangs sollte man Matten benutzen, um die Angst zu reduzieren und die Verletzungsgefahr zu mindern.
Wenn die Bewegung beherrscht wird, sollten die Übungsformen der Spielsituation angepaßt werden:

1. Seitfallwürfe mit Wurfzielangabe (Wand oder Tor)
2. Seitfallwürfe mit Torwart
3. Seitfallwürfe mit Abwehrspieler (passiv und aktiv)
4. Seitfallwürfe mit Zuspiel und Abwehrspieler

Knickwurf

Für den Knickwurf gilt das gleiche wie für den Seitfallwurf zur Wurfarmseite. Der Angriffsspieler versucht, durch Abknicken entgegengesetzt zur Wurfarmseite sich dem Zugriff des Abwehrspielers zu entziehen.

Vorbereitungsphase: Der Ball liegt in beiden Händen vor dem Körper an der Wurfarmseite. Der linke Fuß wird beim Rechtshänder stemmend in Höhe des rechten Beines des Abwehrspielers aufgesetzt.
Der Oberkörper knickt entgegengesetzt zur Wurfarmseite. Die Wurfschulter geht so weit zurück, daß die Schulterachse zum Tor zeigt. Der Ball wird hinter den Kopf zurückgeführt.

Hauptphase: Die Fallbewegung beginnt mit der Streckung des Standbeines. Das Schwungbein wird hochgeführt und dient als Stabilisator. So kommt der Körper in eine horizontale Lage.

Beim Armzug wird der Ball über den Kopf nach vorn geführt, die Wurfarmschulter dreht sich nach vorn.

Endphase: Die Fallbewegung wird beim Rechtshänder durch das Aufsetzen der linken Hand aufgefangen; danach rollt der Körper ab.

Übungsformen zum Erlernen des Knickwurfes

1. Seitliegestütz; zwei Partner spielen sich den Ball im Abstand von 4 bis 5 m zu
2. Kniestand; zwei Partner spielen sich den Ball im Abstand von 5 bis 6 m durch Knickwürfe zu (Matte als Unterlage)
3. Stand; zwei Partner im Abstand von 6 bis 8 m; jeder hat vor sich eine Matte liegen, davor stehen zwei Sprungständer im Abstand von 1 m.

Aufgaben

- Knickwurf gerade zum Partner
- Knickwurf diagonal zum Partner
- abwechselnd Seitfallwurf und Knickwurf gerade und diagonal zum Partner

4. Knickwürfe mit Wurfzielangabe

Matte, davor zwei Sprungständer, im Abstand von 1 m; im Tor hängen zwei Reifen (rechts und links oben), unten stehen zwei Kastenteile (unten rechts und links).
Der Werfer führt Knickwürfe nach Wurfzielangabe aus.

5. Knickwürfe mit mehreren Partnern und Abwehrspielern

5.1.

Ballweg:
X1 Knickwurf zu X4
01 wehrt passiv ab
X4 mit Knickwurf zu X2
X1, jetzt als Abwehrspieler (01) vor X4, wehrt passiv ab

Laufweg:
X1 wird Abwehrspieler 01 vor X4
X4 wird Abwehrspieler (01) vor X2
usw.

Steigerung der Schwierigkeit durch zwei Abwehrspieler, die jeweils durch die Werfer ersetzt werden, ist möglich.

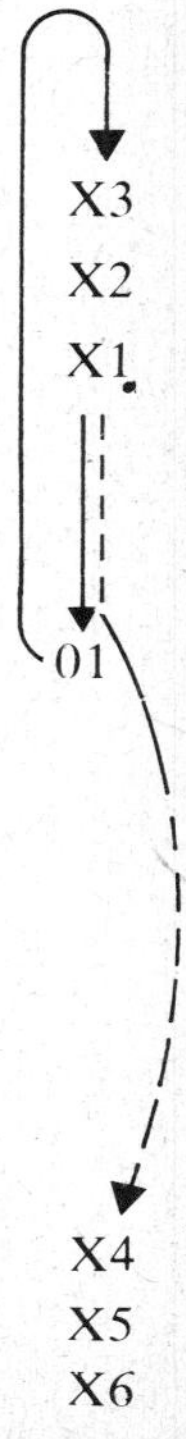

5.2.
Ballweg:
X2 paßt zu X1
X1 paßt zurück zu X2
X2 Knickwurf um 01
Laufweg:
X2 wird 01
01 wird X1
X1 hinter X4

5.3. Knickwürfe und Seitfallwürfe über Außenpositionen
Ballweg:
X5 zu X3
X3 Knickwurf
X6 zu X1
X1 Seitfallwurf
Laufweg:
X5 hinter X4
X3 hinter X8
X6 hinter X2
X1 hinter X3
Steigerung der Schwierigkeiten, zum Beispiel über Querpässe durch den Kreis mit anschließenden Seitfall- und Knickwürfen, ist möglich.

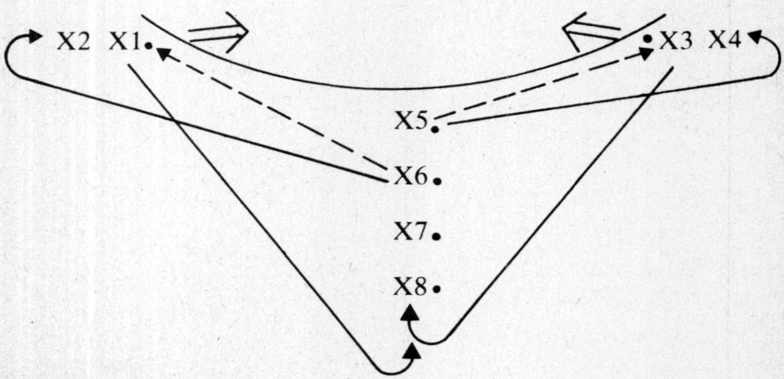

Sprungfallwurf

Der Sprungfallwurf ist eine Kombination aus Sprung- und Fallwurf und wird vorwiegend in den Außenpositionen angewendet.
Dabei muß der Werfer beachten:

1. Der Ball muß so gesichert werden, daß während des Absprunges der Abwehrspieler keine Möglichkeit hat, den Ball abzuwehren.
2. Die Sprungrichtung sollte so gewählt werden, daß der Werfer in einen möglichst stumpfen Winkel zum Tor kommt.

Sprungfallwurf von der linken Außenposition (Rechtshänder)
Anlauf zwei bis drei Schritte, Absprung
Der Ball wird beim Absprung nach hinten oben gehalten.
Im Flug wird der Körper zum Tor gedreht und der Ball in Kopf- oder Schulterhöhe abgeworfen.

Variante 1: Der Ball wird nach vorn oben links geführt und während des Absprunges dort gehalten. Im Flug erfolgen die Zurücknahme der Wurfarmschulter und der anschließende Wurf.
Variante 2: Der Werfer taucht mit dem Ball, der vor dem Körper gehalten wird, unter den Armen des Abwehrspielers hindurch. Während des Fluges wird der Ball fast in Bodennähe abgeworfen.
Variante 3: Der Ball befindet sich zunächst in der linken Hand und wird während des Fluges in die rechte Hand genommen und geworfen.
Bei allen Varianten kann die Landung entweder auf dem Sprung- oder Schwungbein oder aber auf dem Körper erfolgen.

Sprungfallwurf von der rechten Außenposition (Rechtshänder)

Schräger Anlauf, Schwung parallel zur Torlinie

Weiter Absprung in Richtung 7-m-Marke

Der Oberkörper wird während des Fluges nach links gedreht. Der Abwurf erfolgt über dem Kopf.

Die Besonderheit dieses Wurfes liegt darin, daß die Wurfhand zwar vom Abwehrspieler abgewandt ist, dafür aber der Wurfwinkel sehr klein ist. Dieser Nachteil muß durch sehr weites Springen parallel zur Torlinie (Wurfwinkelvergrößerung) ausgeglichen werden.

Übungsformen zum Erlernen der Sprungfallwürfe

1. Sprungfallwürfe von außen rechts und links; der Absprungraum wird markiert
2. Kasten (hoch); ein zusätzliches Oberteil ragt seitlich ca. 30 cm über den Kasten hinaus.
   Diese Übung ist besonders gut geeignet zum Erlernen der Varianten zwei und drei, wo der Ball zunächst durch Sichern vor dem Körper gehalten werden muß.
3. Sprungfallwürfe von außen rechts und links mit passivem Abwehrspieler
4. Sprungfallwürfe von außen rechts und links mit Zuspiel und Umspielen des Abwehrspielers

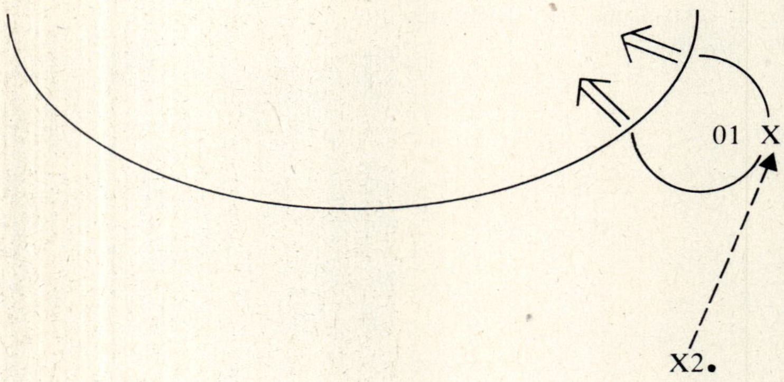

Rückhandwurf

Rückhandwürfe können aus dem Stand, aus dem Lauf und im Fallen von allen Positionen her ausgeführt werden. Der Vorteil des Rückhandwurfes liegt im Überraschungsmoment für den Torwart; hingegen kann sich die Ungenauigkeit des Wurfes nachteilig auswirken. Er sollte nur angewendet werden, wenn sich kein Abwehrspieler in unmittelbarer Nähe der Wurfrichtung befindet.

Vorbereitungsphase: Der Werfer steht mit dem Rücken zur Wurfrichtung. Der Ball wird mit beiden Händen vor dem Körper gehalten. Der Ball liegt jetzt in der Wurfhand und wird leicht eingeklemmt (gegen das Handgelenk gedrückt). Der Handrücken wird zum Körper hin gedreht, der linke Fuß stemmt.

Hauptphase: Der Körper führt eine Vierteldrehung um seine Längsachse aus. Das linke Bein ist das Standbein.

Jetzt erfolgt der Wurf als rückwärtiger Schlagwurf mit gestrecktem Arm. Dieser Bewegungsablauf erfolgt im Fallen.

Endphase: Der Blick folgt dem Ball, der Körper wird mit dem Schwungbein oder nach dem Fallen durch Liegestütz abgefangen.

Wird dieser Wurf aus dem Lauf angewendet, dann führt der Werfer zunächst eine halbe Drehung um seine Längsachse aus, bevor er mit dem Standbein die Stemmbewegung einleitet.
Danach entspricht die Bewegungsfolge den beschriebenen Phasen.

Übungsformen zum Erlernen des Rückhandwurfes

1. Rückhandschwünge mit Abspiel zum Partner
2. Rückhandwürfe aus dem Stand, Fallen mit und ohne Drehung gegen die Wand
3. Rückhandwürfe unter eine Zauberschnur (in Schulter-, Hüft- und Kniehöhe)
4. Rückhandwürfe mit Drehung und Wurfzielangabe (Wand oder Tor)
5. Rückhandwürfe aus dem Angehen oder Laufen mit und ohne Gegenspieler
   Geh- und Lauffolge: links – rechts – links, Drehung, Wurf
6. Rückhandwürfe am Kreis mit Zuspiel

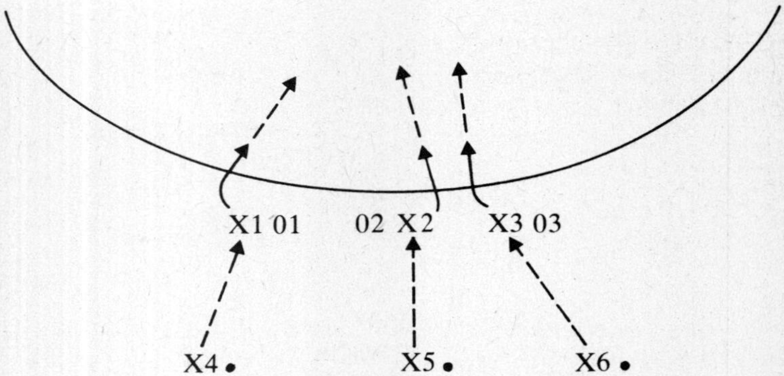

Vorbemerkungen zur individuellen Technik von Angriff und Abwehr

Voraussetzung für ein sicheres Handballspiel ist die Beherrschung der Grundtechniken Führen, Passen, Annehmen und Werfen in der Grobform. Mit der Verfeinerung der Grundtechniken durch intensives Training werden weitere Elemente des Spiels entwickelt. Dabei wird unterschieden zwischen individueller Technik des Angriffsspielers und individueller Technik des Abwehrspielers. Darunter sind nicht die taktischen Maßnahmen zu verstehen (Anwendung der Technik in der Spielsituation als Reaktion auf das Verhalten des Gegenspielers), obwohl eine strenge Trennung nicht immer möglich und in der komplexen Situation eines Spiels nicht einmal erwünscht ist.

Individuelle Technik des Angriffs

Unter individueller Technik des Angriffs versteht man zunächst bestimmte lauftechnische Bewegungen wie Starts aus dem Stand, Beschleunigung aus der Bewegung, Richtungsänderungen während des Laufens sowie Traben, Sprinten, Stoppen, Drehen und Wenden. Diese lauftechnischen Bewegungen sind ständiger Bestandteil des Trainings.

Zu den *speziellen technischen Angriffsformen* gehört das Täuschen.

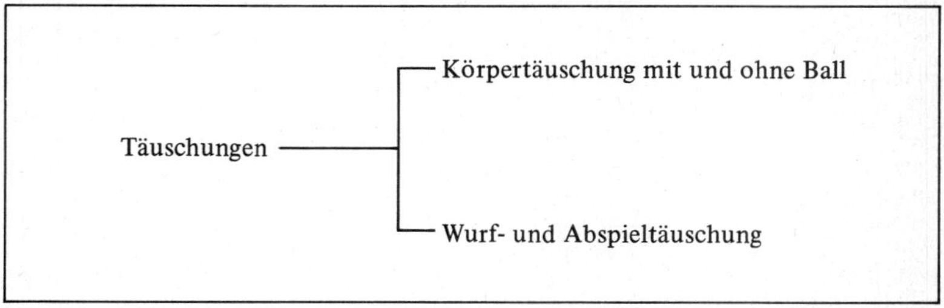

Täuschungen

Täuschungen (Finten) zielen darauf ab, den Abwehrspieler zu Fehlreaktionen zu veranlassen. Die Täuschung besteht aus zwei Handlungen:

1. Beginn: Einerseits muß das Täuschungsmanöver schnell ausgeführt werden, damit der Abwehrspieler die gewünschte Fehlreaktion zeigt; andererseits darf es nicht zu schnell ausgeführt werden, damit der Abwehrspieler die Möglichkeit hat, auf die Finte einzugehen.

2. Die Folgehandlung schafft den gewünschten Freiraum zum Zuspiel, Torwurf oder Umspielen. Diese Folgehandlung muß mit höchstem Tempo durchgeführt werden, damit der geschaffene Vorteil auch ausgenutzt werden kann, der durch die Fehlreaktion des Abwehrspielers entstanden ist.

Bei der Anwendung von Finten ist zu beachten:
- nur dann, wenn gruppen- oder mannschaftstaktische Maßnahmen keinen Erfolg bringen;
- wenn ein starker Angriffsspieler auf einen relativ schwachen Abwehrspieler trifft;
- nicht zu häufiger Einsatz, da Finten das Spiel verlangsamen und sich Abwehrspieler schnell darauf einstellen.

Körpertäuschung

Vorbereitungsphase: Nach dem Fangen des Balles setzt beim Rechtshänder das rechte Bein nach vorn links auf.
Das linke Bein wird ebenfalls stemmend (Ausfallschritt) in diese Richtung gesetzt (der Abwehrspieler folgt dieser Bewegung). Der Ball liegt in beiden Händen vor dem Körper.

Hauptphase: Durch die Stemmbewegung des linken Beines wird der Körper nach rechts gedrückt. Gleichzeitig erfolgt ein Ausfallschritt mit dem rechten Bein nach rechts.

Endphase: Der Ball wird rechts getippt. Der Körper des Angriffsspielers befindet sich zwischen Ball und Abwehrspieler.

Die Körpertäuschung kann auch so erfolgen, daß der Angriffsspieler mit beiden Füßen gleichzeitig in die geöffnete Grundstellung (beide Füße auf gleicher Höhe, Abstand 30 bis 50 cm) springt, sich mit dem Oberkörper nach links neigt (wackelt), dann mit dem rechten Bein einen Ausfallschritt nach rechts macht und am Abwehrspieler vorbeiläuft.

Wurf- und Abspieltäuschung

Vorbereitungsphase: Der Ball wird gefangen. Beim Rechtshänder setzt das rechte Bein nach vorn links neben dem Abwehrspieler auf.
Jetzt erfolgt mit dem linken Bein der Stemmschritt und die Ausholbewegung.
Hauptphase: Die Ausholbewegung wird abgebremst, der Ball in beide Hände genommen. Jetzt erfolgt ein Ausfallschritt mit dem rechten Bein nach rechts, und der Ball wird rechts getippt.
Endphase: Der Angriffsspieler läuft rechts vorbei, sein Körper befindet sich zwischen Ball und Abwehrspieler.

Übungsformen zum Erlernen der Täuschungen

1. Übung zur Körpertäuschung
Trainer und mehrere Spielerpaare (jeweils ein Angriffsspieler und ein Abwehrspieler) befinden sich in einem begrenzten Raum innerhalb des Spielfeldes.
X1, X2 und X3 versuchen, mit Körpertäuschung an ihrem jeweiligen Abwehrspieler vorbeizukommen.
Nach geglücktem Versuch erhält der Spieler den Ball vom Trainer, der diesen sofort zurückspielt. Nach 5 Versuchen Rollentausch zwischen Angriffs- und Abwehrspielern.

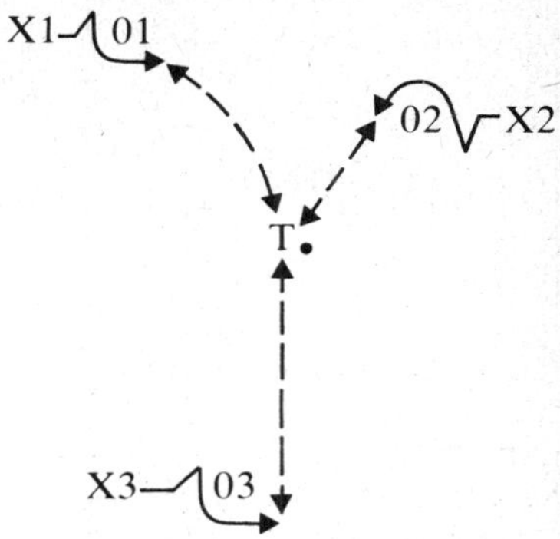

2. Übung zur Wurftäuschung
X1 täuscht Wurf zu X3 an und spielt zu X2, nachdem 01 durch Abwehrbewegung reagiert hat
Rollentausch

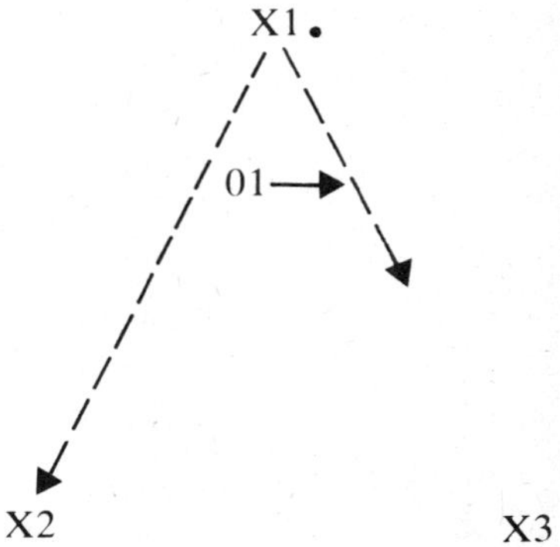

3. Übung zur Körpertäuschung
X1 paßt zu 01, 01 paßt zurück, X1 mit Körpertäuschung an 01 vorbei

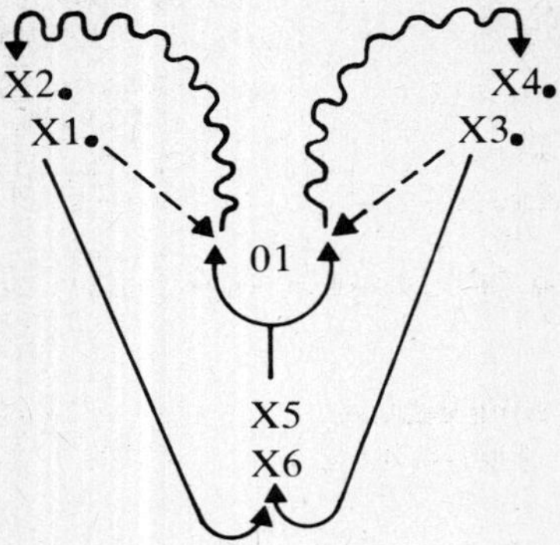

4. Übung zur Körpertäuschung
X5 versucht, 01 durch Körpertäuschung zu umlaufen und erhält von X3 oder XI den Paß

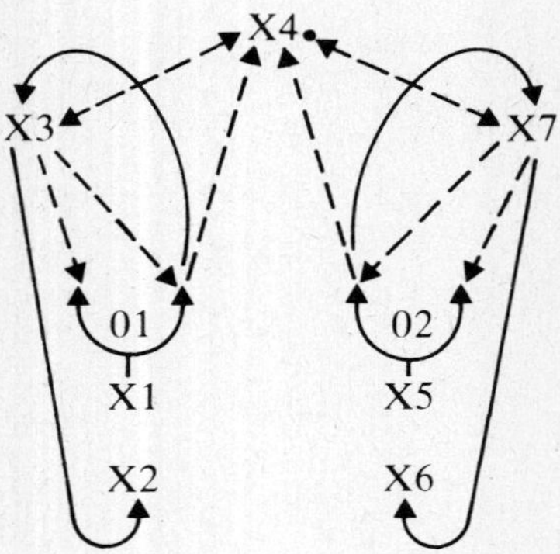

5. Übung zur Körpertäuschung
X4 paßt im Wechsel zu X3 und X7
X1 und X5 versuchen durch Körpertäuschung 01 bzw. 02 zu umlaufen, erhalten dann von X3 bzw. X7 den Paß, der an X4 weitergespielt wird

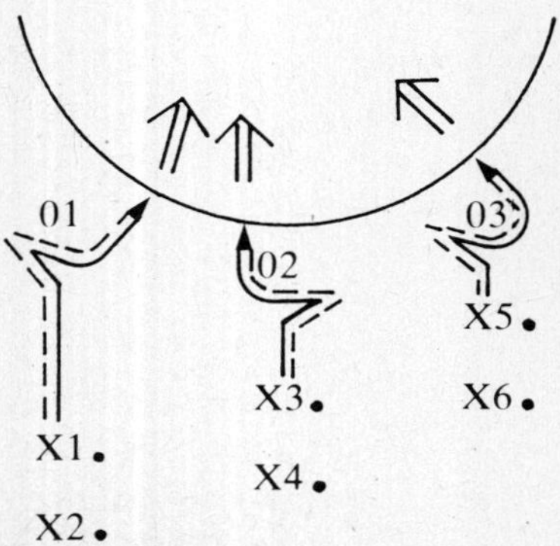

6. Übung zur Körpertäuschung
X1, X2, X3, X4, X5 und X6 mit Körpertäuschung (einfach und doppelt) an 01, 02 und 03 vorbei
Rollentausch
Abschluß mit Torwurf
Wichtig: möglichst engen Raum zur Körpertäuschung beibehalten

7. Übungen zur Wurf- und Körpertäuschung
Aufstellungsform wie in Übung 6
Aufgabe: alle möglichen Wurfvarianten nach vorheriger Wurf- und Körpertäuschung wie Schlagwürfe in verschiedenen Höhen, Sprungwürfe, Seitfallwürfe, Knickwürfe und Rückhandwürfe

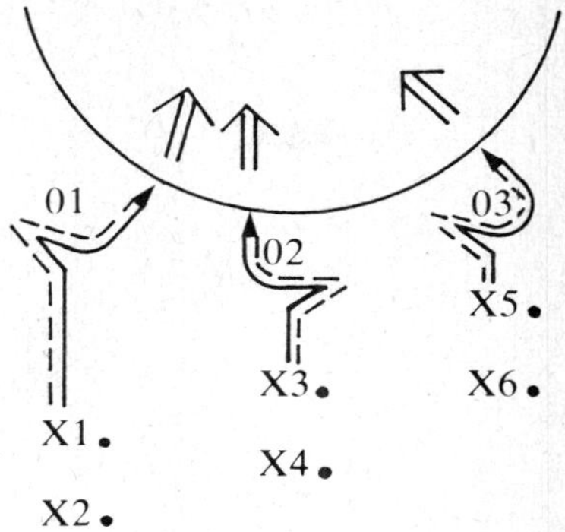

8. Übung zur Körpertäuschung (Sprung in die Grundstellung)
Angriffsspieler mit Sprung in die Grundstellung
Körpertäuschung (wackeln) und Umspielen zur freien Torwurfposition
Rollentausch

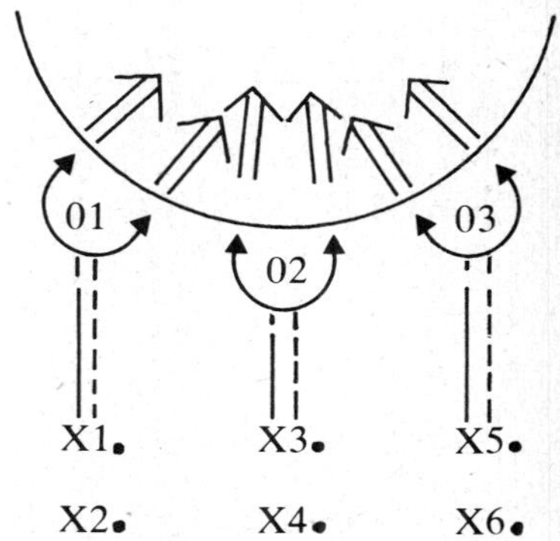

9. Übung zur Körpertäuschung (mit Drehung)
X2 paßt zu X1, der mit dem Rükken zum Torwart steht
X1 führt eine einfache oder doppelte Körpertäuschung aus, dreht sich und umspielt 01

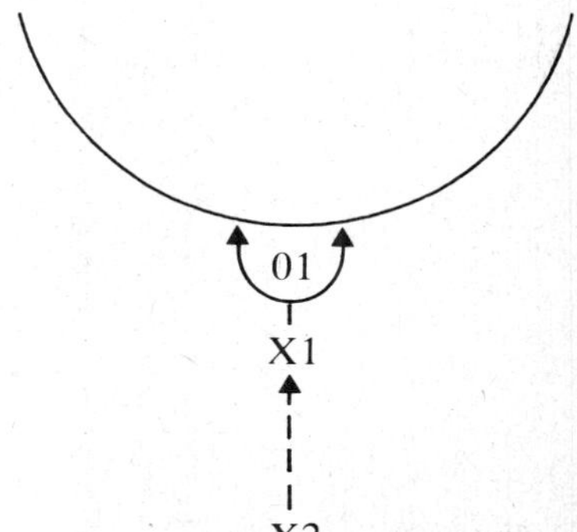

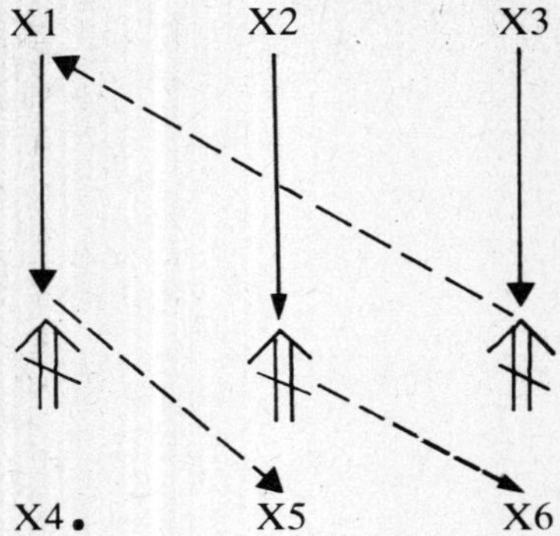

10. Übung Wurftäuschung vor dem Abspiel
X4 Wurffinte, Zuspiel an X5, dann X5 an X6, X6 an X1, X1 an X2, X2 an X3

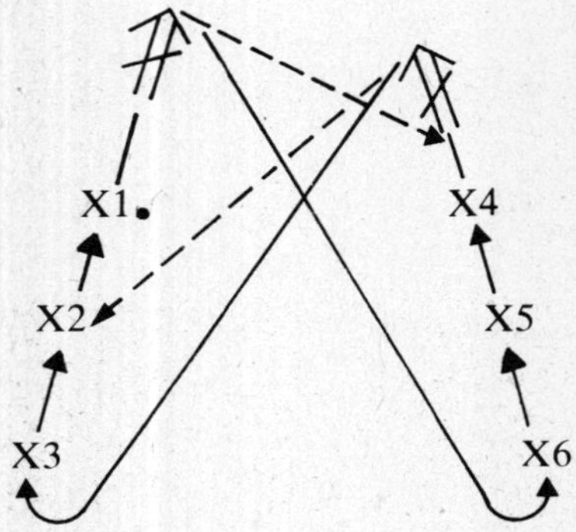

11. Übung Wurftäuschung vor dem Abspiel
X1 nach Wurffinte an miteinlaufenden X4
X4 an miteinlaufenden X2, X2 an X5

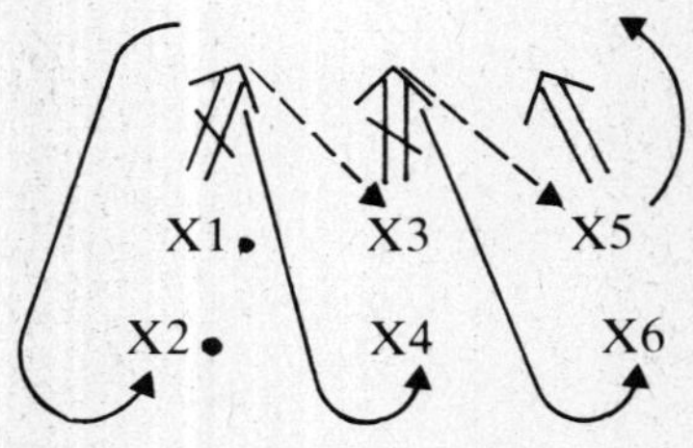

12. Übung zur Wurftäuschung vor dem Abspiel
X1 Zuspielfinte an X3
X3 Zuspielfinte an X5
X5 mit Wurf auf das Tor
Diese Übung ist auch mit aktiven Abwehrspielern auszuführen.

Individuelle Technik der Abwehr

Zur individuellen Technik der Abwehr gehören: Stören bei der Ballannahme des Gegenspielers, Erkämpfen des Balles, Blocken der Torwürfe, Blockieren der Laufwege und Abdrängen sowie bestimmte Bewegungs- und Stellungsgrundsätze (technisch-taktisches Verhalten).

Bewegungsgrundsätze des Abwehrspielers

- Die Ausgangsstellung wird so gewählt, daß der Abwehrspieler nach allen Seiten starten kann. Die Füße stehen in Schrittstellung, ein Fuß wird etwas vorgesetzt. So entstehen Startmöglichkeiten nach vorn, nach hinten, zur Seite. – Der Linksaußen setzt den rechten Fuß vor, der Rechtsaußen den linken Fuß.
- Die Beine sind in den Knien leicht gebeugt, der Oberkörper etwas nach vorn geneigt.
- Die Arme sind in den Ellenbogen gebeugt, die Hände befinden sich etwas über Schulterbreite in Brusthöhe. Die Fingerspitzen zeigen schräg nach innen vorn.
- Der Blick ist auf den Gegenspieler gerichtet; gleichzeitig wird das Spiel beobachtet.

Individuelle technische und taktische Abwehrfertigkeiten

- Abwehr
  - Bewegungen des Spielers
    - vorwärts
    - rückwärts
    - seitwärts
    - diagonal
    - Springen
    - Bücken
  - Einsatz des Körpers
    - Abdrängen
    - Blockieren der Laufwege
  - Herausspielen des Balles
    - beim Tippen und Prellen
    - bei Ausholbewegungen
  - Blocken
    - des Passes
    - des Torwurfes
  - Erkämpfen des Balles
    - durch Abfangen
    - durch Aufnehmen

Übungsformen

Übungsformen zum Trainieren der Bewegungen

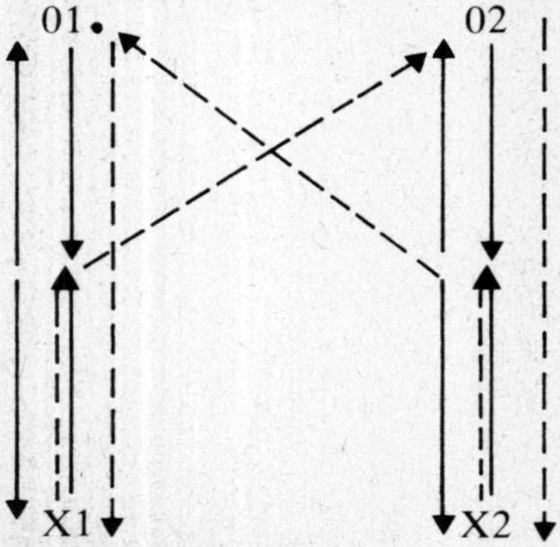

1. Abwehrbewegung vorwärts und rückwärts
Ball- und Laufweg:
Ball von 01 zu X1, X1 gegen 01
01 kommt zur Abwehr entgegen
Ball von X1 zu 02, 02 zu X2
X2 gegen 02,
02 zur Abwehr gegen X2
Nach erfolgter Spielhandlung jeder wieder in seine Ausgangsposition zurück

Ball- und Laufweg:
X1 gegen 01, 01 kommt zur Abwehr entgegen
X1 zieht sich zurück, 01 ebenfalls (jeder in seine Ausgangsposition)
X1 kommt erneut, 01 zur Abwehr, anschließend wieder Zurückziehen

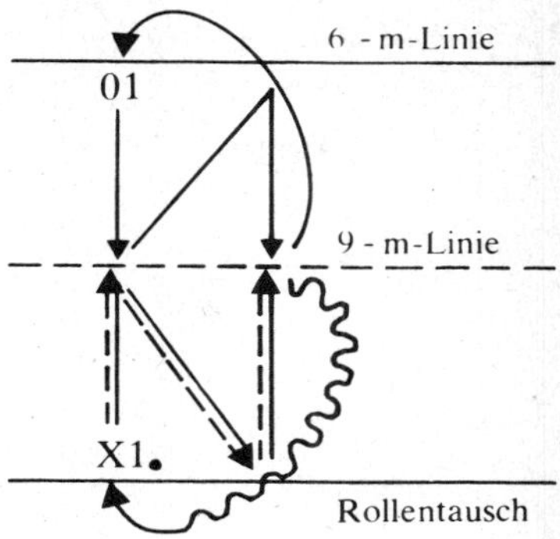

2. Abwehrbewegung seitwärts
Bärentanz:
Auf ein Zeichen des Trainers verändern die Spieler im Seitstepp-schritt (Nachstellschritte seitwärts) ihre Position nach rechts oder links.

3. Abwehrbewegung vorwärts und diagonal rückwärts
Ballweg:
X1 zu X2
X2 zu X3
usw.
Laufweg:
02 kommt gegen X2 und geht in Richtung des gespielten Balles an den Kreis zurück
03 gegen X3
usw.

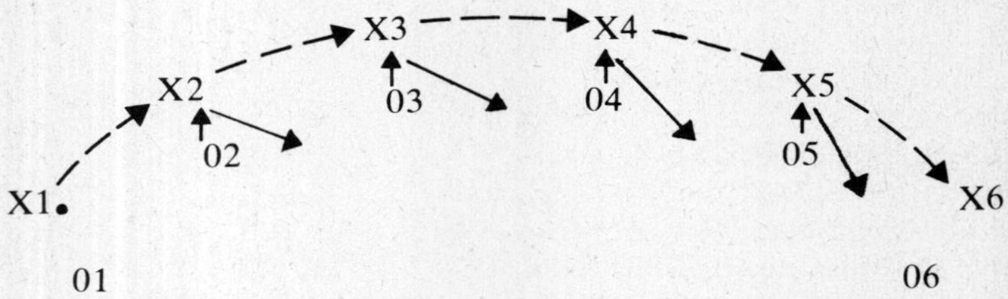

Übungsformen zum Trainieren des Einsatzes des Körpers

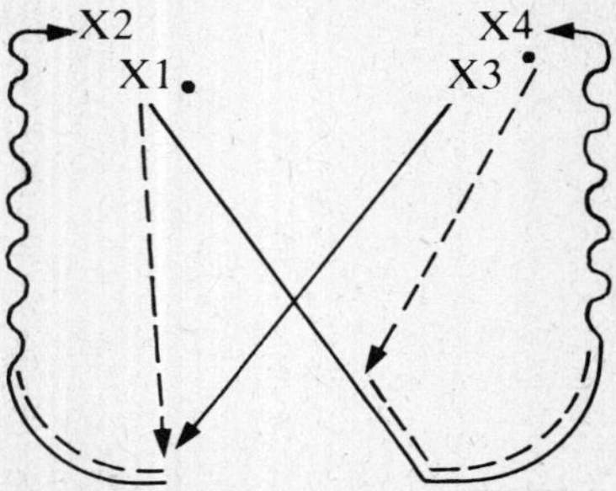

1. Abdrängen
Ball- und Laufweg:
X3 läuft ein, erhält Paß von X1
01 nimmt X3 an und drängt ihn nach außen, X3 hinter X2, 01 zurück in die Ausgangsposition
X1 läuft ein, erhält Paß von X4
02 nimmt X1 an und drängt ihn nach außen, X1 hinter X4, 02 zurück in die Position

Übung 1

2. Blockieren des Laufweges
01, 02, 03 und 04 drängen die Angreifer X ... durch Querstellen und Sperren aus ihren Laufwegen
Von beiden Seiten üben!

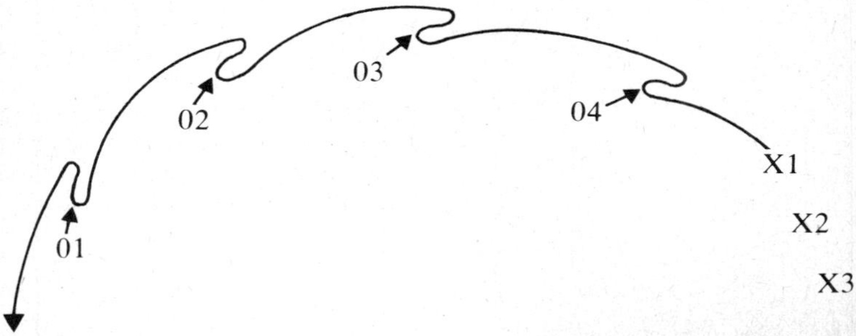

Übungsform zum Trainieren des Herausspielens des Balles

1. Herausspielen beim Tippen und Prellen
01 versucht, während des Tippens oder Prellens von X1 diesem den Ball herauszuspielen
Zum Herausspielen können die Arme und Hände (offen) benutzt werden.

2. Herausspielen bei Ausholbewegungen
Das Herausspielen erfolgt beim Ausholen, weil in diesem Moment der Werfer den Ball nicht mehr im Blickwinkel hat.
Der Abwehrspieler benutzt die offene Hand zum Herausspielen. Dabei darf er nicht schlagen oder reißen und vor allem nicht den Arm des Gegenspielers berühren.
Zum Herausspielen wird die Hand benutzt, die der Wurfhand des Gegenspielers am nächsten ist.

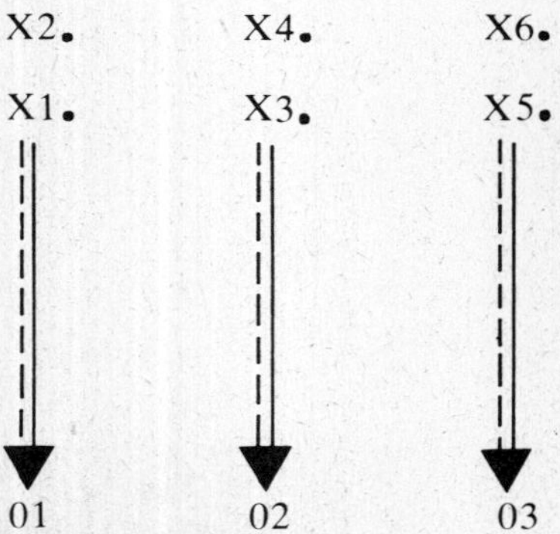

Alle Arten des Herausspielens anwenden!
Das Herausspielen kann bei Ausholbewegungen im Stand, im Lauf, im Sprung und im Fallen angewendet werden. Dabei streicht die offene Hand des Abwehrspielers den Ball von unten nach oben aus der Hand des Gegenspielers.

Herausspielen von der Seite

Herausspielen von vorn

Herausspielen von hinten

Übungsformen zum Trainieren des Blockens

1. Wurf kopfhoch

2. Wurf schulterhoch

3. Wurf hüfthoch
(beidhändig, einhändig)

4. Blocken nach Anlauf des Angreifers
01 Paß zu X1
X1 läuft ein und wirft, 01 blockt den Torwurf usw.

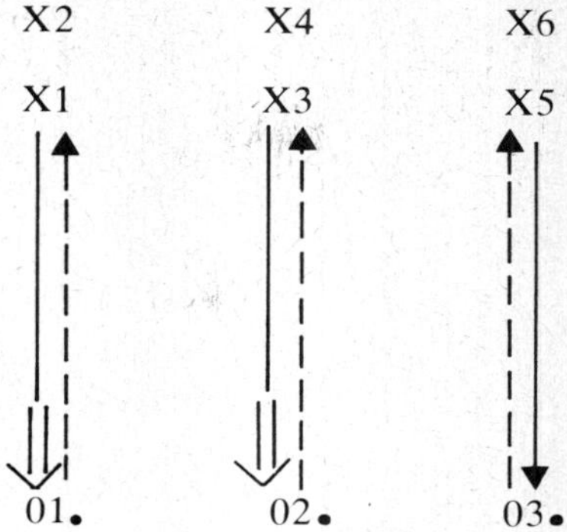

Der Block wird erst gestellt, wenn der Wurf erfolgt. Der Abwehrspieler steht in der Grundstellung. Beide Arme werden dem Wurf entgegengestreckt, die Hände liegen dicht beieinander, die Handflächen zeigen nach außen. Ein Oberarm deckt das Gesicht.
Augen offen halten!
Bei Hüftwürfen wird meistens mit einer Hand geblockt.

Torwarttraining

Eine Mannschaft, die sich hohe Leistungsziele steckt, braucht einen überdurchschnittlichen Torwart.
Ein guter Torwart ist:

- konditionell stark (besondere Fähigkeiten: sprungkräftig, schnell und ausdauernd),
- reaktionsschnell,
- beweglich und gewandt,
- technisch und taktisch gut ausgebildet.

Es schadet nichts, wenn der Torwart am allgemeinen Konditionstraining der Mannschaft teilnimmt. Zusätzlich muß er Ausdauer, Sprungkraft und Schnelligkeit trainieren. Hinzu kommt die Entwicklung der technischen Fertigkeiten des Annehmens und Passens (Zuspiel bei Tempogegenstößen) und der individuellen technischen Fertigkeiten der Abwehr. Das Taktiktraining bezieht sich vor allem auf das Stellungsspiel, also dem richtigen Einschätzen der Wurfposition und des Wurfwinkels. Wichtig ist außerdem die Zusammenarbeit mit der Abwehr.

Bewegungen des Torwarts

Dazu gehören: Fuß- und Beinarbeit, Beweglichkeit in Hüfte und Rumpf, Beweglichkeit in Schultern und Armen.

Abwehrreaktionen

Dazu gehören: Abwehren tiefer, mittelhoher, hoher und indirekter Würfe.

Abwürfe oder Abspiel des Balles

Dazu gehören: Kurz- und Langpässe.

Übungsformen für das Torwarttraining

1. Gymnastik (nach Möglichkeit täglich trainieren)
- Spagat auf der Torlinie
- Seitheben der Beine und Berühren des Pfostens in verschiedenen Höhen
- Aufspringen aus verschiedenen Stellungen (Sitz, Bauchlage, Rükkenlage)
- Hochschlagen der Arme hinter den Kopf

2. Zuspiele für Tempogegenstöße
- Der Torwart nimmt rollende oder andere zugespielte Bälle auf und wirft sie zu bestimmten Zielen innerhalb der Halle. – Die Bälle werden zu stehenden (laufenden) Spielern geworfen.

3. Reaktionsübungen
- Der Torwart steht vor einer Wand, ein Spieler wirft den Ball gegen die Wand. Der Torwart hält die zurückspringenden Bälle.
- Der Torwart steht mit dem Rücken zum Kreis. Der Trainer oder ein Spieler wirft nach kurzem akustischen Signal den Ball auf das Tor. Der Torwart muß sich auf das Signal hin umdrehen und den Ball halten.
- Der Ball wird aus verschiedenen Ausgangsstellungen (Sitzen, Liegen) nach oben geworfen und im Aufspringen gefangen.

4. Kombinierte Übungen
- Der Torwart steht am Pfosten, der Trainer wirft die Bälle hoch in die andere Ecke. Der Torwart erläuft die Bälle (Wiederholungen festlegen und das Tempo sowie die Schärfe des Wurfes verändern). Anschließend die Ecke wechseln.
- Die gleiche Übung; jetzt werden die Bälle flach in die Ecken geworfen.
- Serienwürfe. Alle Spieler werfen schnell nacheinander auf das Tor. Der Trainer steht hinter dem Tor und gibt durch Zeichen an, in welche Ecke geworfen werden soll (freies Werfen).
- Serienwürfe mit verschiedenen Bällen (Handbälle, Tennisbälle, Gummibälle); Anzahl der Wiederholungen und Ziel werden festgelegt.
- Drei Spieler laufen aus verschiedenen Positionen auf das Tor; einer wirft (vorher absprechen).
- Die Spieler verteilen sich an der 9-m-Linie; es wird nacheinander von links nach rechts und zurück geworfen.

Taktik

Um Tore zu erzielen und zu verhindern, genügt es nicht, die Bewegungs- und Spielfertigkeiten eines Spiels zu beherrschen. Denn sie müssen entsprechend der jeweiligen Spielsituation sinnvoll angewendet werden. In diesem Fall spricht man von Taktik. Grundsätzlich unterscheidet man individuelle Taktik, Gruppentaktik und Mannschaftstaktik in Angriff und Abwehr.

Angriffstaktik

Die wichtigsten taktischen Maßnahmen des Angriffs sind in dem nebenstehenden Schema dargestellt.

Individuelle Taktik des Angriffs

Vorausssetzung zur Anwendung der individuellen Taktik ist das Beherrschen der individuellen Technik des Angriffs, speziell der Körpertäuschungen mit und ohne Ball, sowie der Zuspiel- und Wurftäuschungen. Hinzu kommen spezielle taktische Aufgaben wie:

1. *das Anlaufen der Nahtstellen.* Unter Nahtstellen versteht man die Zwischenräume innerhalb der einzelnen Bereiche eines jeden Abwehrsystems. Sie sind besonders kritisch, weil sich in diesen Räumen die Aufgaben mehrerer Abwehrspieler überschneiden (siehe Abb. Seite 128 oben);
2. *das Freistellen am Kreis.* Kreisspieler, die mit dem Rücken zum Tor stehen und an der Wurfarmseite gedeckt werden, bleiben in dieser

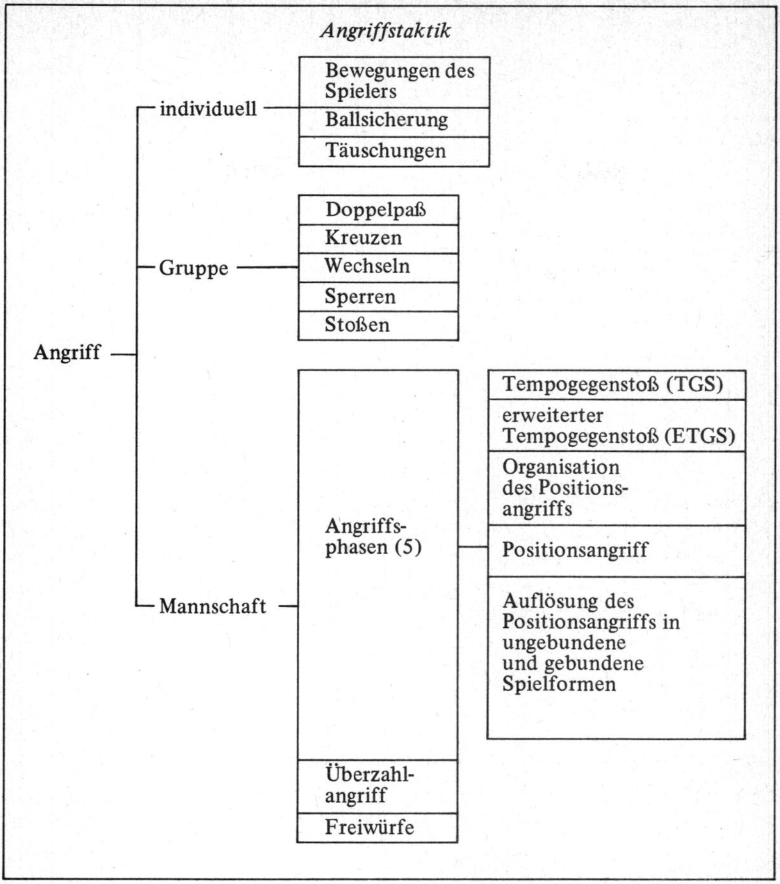

Position, weil sie dadurch eine gute Möglichkeit zum Torwurf haben. Kreisspieler, die mit dem Rücken zum Tor stehen und an der entgegengesetzten Wurfarmseite gedeckt werden, versuchen, in eine freie Position zu laufen;

3. *das Binden von Gegenspielern.* Der Angriffsspieler versucht durch seine Spielhandlung: Stoßen, Körper- oder Wurftäuschung einen oder mehrere Abwehrspieler zu binden, also herauszulocken, um seine Mitspieler in eine freie Wurfposition zu bringen.

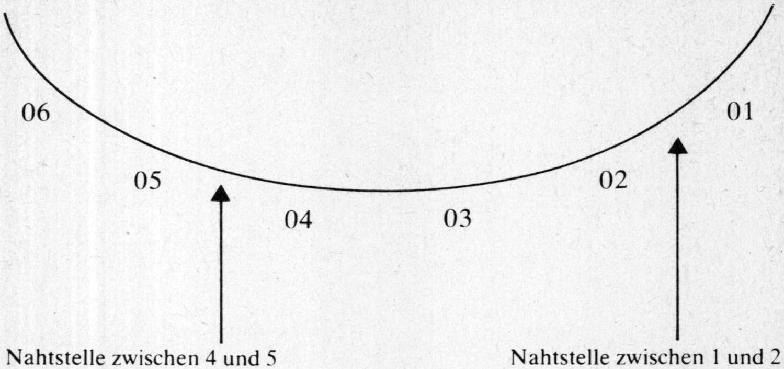

Gruppentaktik des Angriffs

Unter Gruppentaktik des Angriffs versteht man alle Maßnahmen, die von mindestens zwei Spielern ergriffen werden, wie:

- Doppelpaß
- Kreuzen
- Wechseln
- Sperren
- Stoßen

Doppelpaß
Der Doppelpaß wird mit zwei Angreifern gespielt. Erfolgversprechend ist er bei solchen Abwehrsystemen, die offensiv decken, etwa der 6:0-Abzähldeckung offensiv, in der jeder Abwehrspieler für seinen vor ihm spielenden Angreifer verantwortlich ist, oder bei Manndeckung. Voraussetzung sind ein schneller Antritt und ein sicheres Zuspiel. Der Doppelpaß sollte nur in Torraumnähe gespielt und nach Möglichkeit mit Täuschbewegungen verbunden werden.

Übungsformen zum Doppelpaß

1.
X1 paßt zu X2, X1 mit schnellem Antritt an 01 vorbei
Paß von X2 an X1
X1 wirft auf das Tor

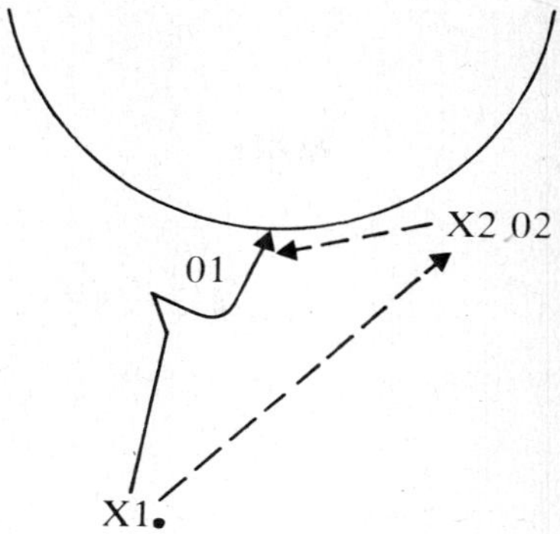

2.
Ball- und Laufweg:
X1 paßt zu X2, 02 kommt zu X2
X1 verharrt kurz, bis die Aufmerksamkeit von 01 nachläßt; dann erfolgt ein plötzlicher schneller Antritt
X2 paßt zu X1 und Torwurf (01 kann X1 nur mit Foul bremsen)

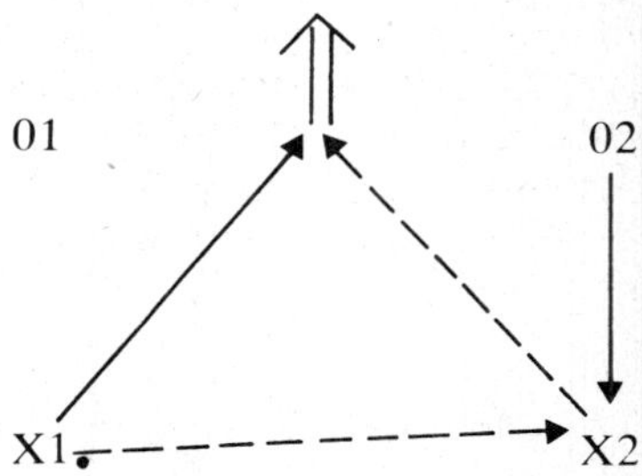

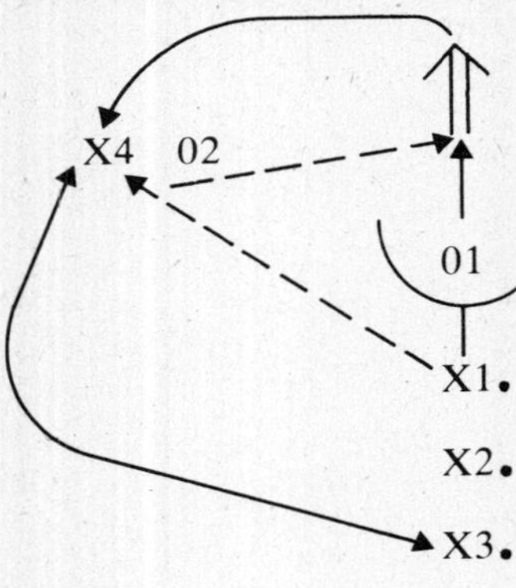

3.
Ball- und Laufweg:
X1 paßt zu X4, X1 mit Täuschung und schnellem Antritt an 01 vorbei, Anspiel X4 an X1
X1 mit Torwurf
X1 wird X4, X4 hinter X3

Kreuzen

Das Kreuzen wird gegen Raum- und Manndeckung gespielt. Durch Mitgehen des Abwehrspielers beim Einlaufen und Abspielen des ballführenden Spielers an seinen hinter ihm vorbeilaufenden Mitspieler entsteht ein freier Raum für den Torwurf. Beide Angreifer kreuzen ihre Laufbahn.

Übungsformen für das Kreuzen

1. Kreuzen 2:1

2. Kreuzen 2:2

Der Ball wird im Rückpaß gespielt; er kann auch nach vorheriger Wurftäuschung (im Sprung) zurückgepaßt werden.

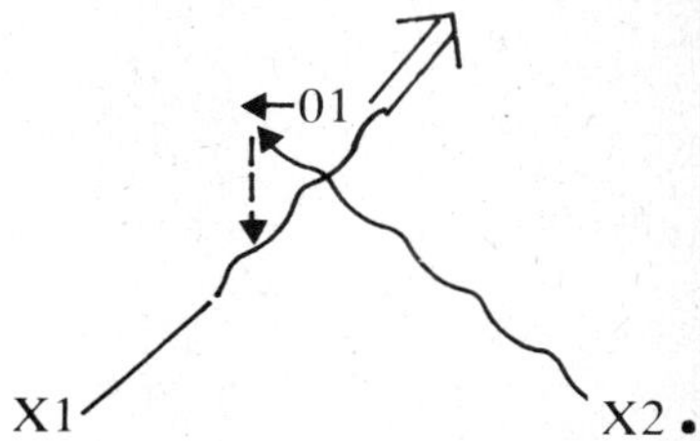

Wechseln

Ähnlich wie beim Kreuzen werden auch beim Wechseln die Positionen verändert. Die Laufwege sind nicht durch ein- oder mehrmaliges Kreuzen festgelegt; das Wechseln erfolgt im gesamten Bereich der Abwehr.

Übungsformen zum Wechseln

1. Wechseln 2:2

Ball- und Laufweg:

X1 paßt zu X2, X2 läuft mit Ball in die Abwehrlücke zwischen 02 und 01

02 geht zur Abwehr mit, X1 mit Körpertäuschung (01 binden) und anschließend Wechsel mit X2

X1 geht an 02 vorbei und wirft

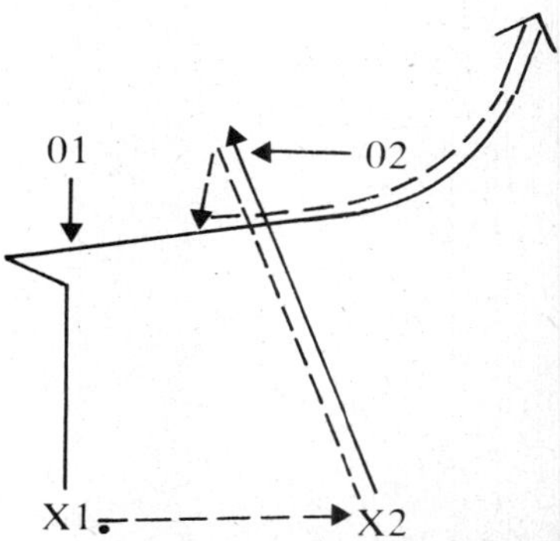

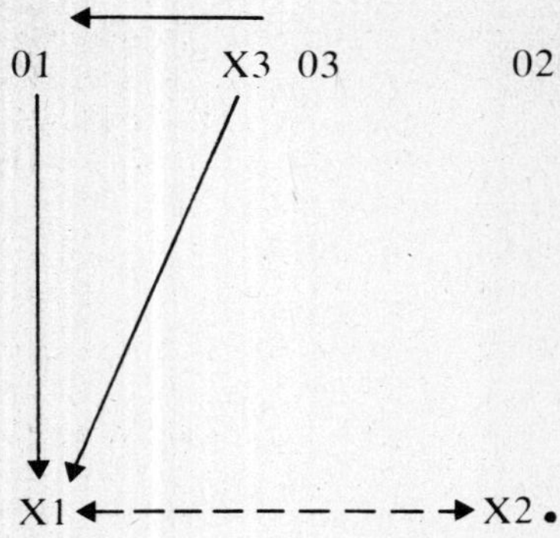

2. Positionswechsel 3:3

2.1. Grundaufstellung

Ball- und Laufweg:

X2 paßt zu X1, 01 kommt zur Abwehr

X3 kommt hinter 01, 03 verschiebt mit

X1 paßt zu X2

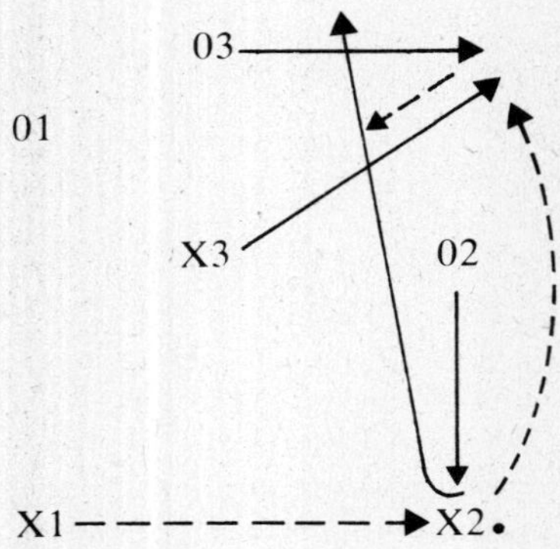

2.2. Angriffsphase

Ball- und Laufweg:

X3 setzt sich nach außen ab und erhält den Paß von X2

X2 mit Körpertäuschung an 02 vorbei, Paß von X3 und Durchbruch

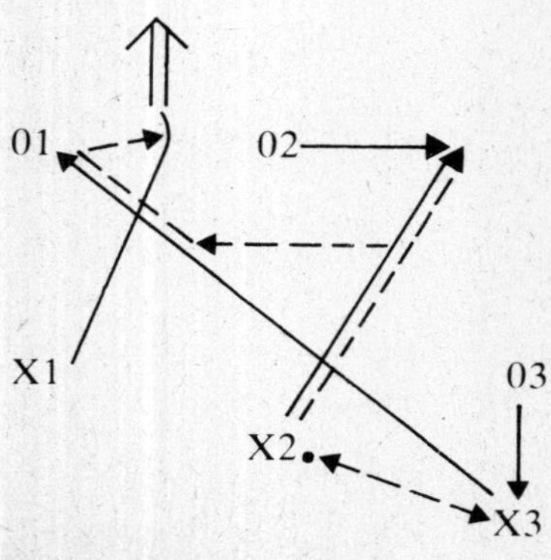

3. Positionswechsel 3:3

Ball- und Laufweg:

X2 paßt zu X3, 03 kommt zur Abwehr

X3 paßt zurück auf X2, X2 Einbruch, X3 wechselt mit X2

Paß von X2 zu X3, X1 wechselt mit X3, Paß von X3 zu X1

X1 wirft

Sperren

Sperren hat die größte Bedeutung in der Angriffsarbeit. Zwei Angreifer schaffen durch Zusammenarbeit die Möglichkeit, einen der beiden zum ungehinderten Torwurf zu bringen, indem ein Angreifer dem Abwehrspieler seines Mitspielers den Laufweg zur Abwehr versperrt. Der Erfolg der Sperre hängt nicht zuletzt davon ab, daß der freizusperrende Angreifer seine Aktion präzise und mit größter Schnelligkeit durchführt.

Bewegungsablauf

- Der Spieler, der sperren will, verändert seine Position und sperrt unvermittelt.
- Der Spieler, der durchbrechen will, vertuscht seine Absicht durch eine Körpertäuschung.
- Sperre setzen und Durchbruch erfolgen im gleichen Moment.

Arten der Sperre

Frontalsperre

Rückensperre (oder Schirm)

Flankensperre

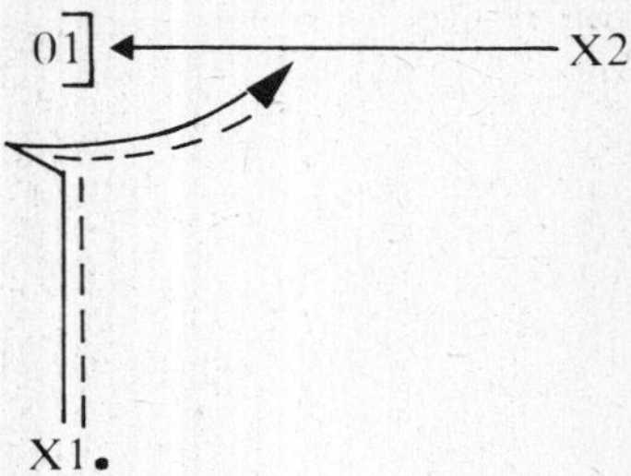

Übungsformen zur Sperre

1. Sperre 2:1

Ball- und Laufweg:

X2 setzt die Sperre (alle Arten), X1 mit Körpertäuschung zum Durchbruch

2. Sperre 2:2
Laufweg:
X1 mit Körpertäuschung gegen 01
X2 setzt Sperre gegen 01 und nimmt 02 zur Abwehr mit X1 an 02 vorbei

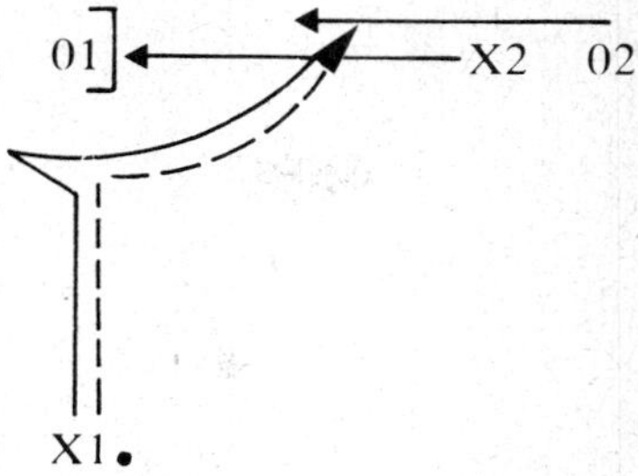

3. Sperren des Außenverteidigers von innen
Ball- und Laufweg:
Paß von X2 zu X1, X2 Sperre auf 01
X1 dribbelt nach innen
X2 setzt sich ab, bekommt den Paß von X1 und wirft

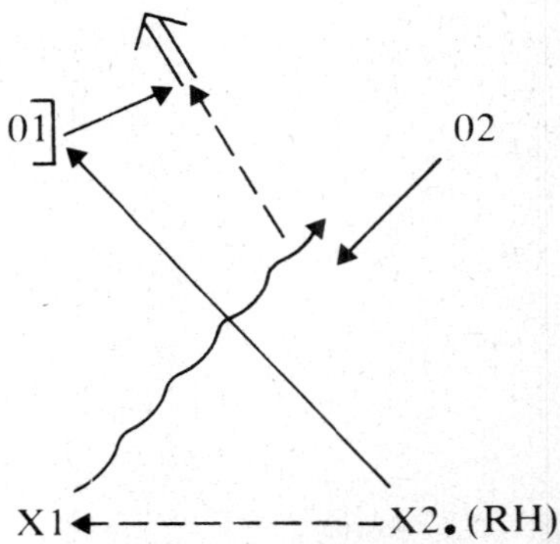

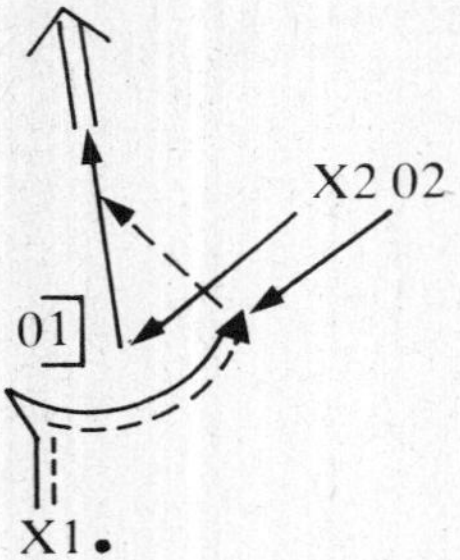

4. Sperre 2:2 mit Absetzen
Ball- und Laufweg:
X2 sperrt 01 seitlich mit Frontalsperre, X1 mit Täuschung zum Durchbruch
02 nimmt X1 an, während sich X2 nach flüchtiger Sperre in Richtung Tor absetzt
Paß von X1 auf X2 und Torwurf von X2
(siehe Fotos)

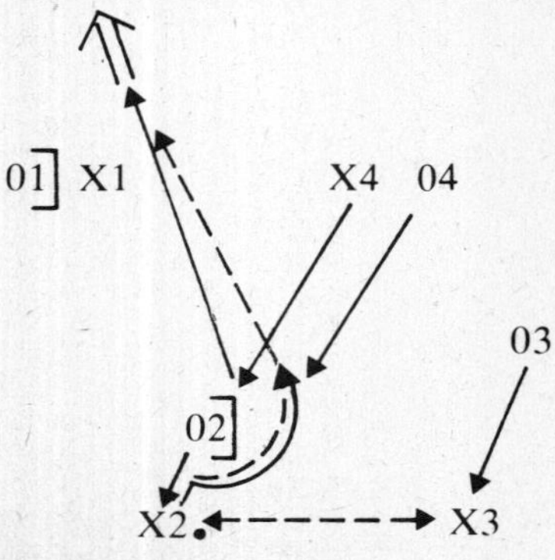

5. Sperre 4:4 diagonal mit Absetzen
Ball- und Laufweg:
Paß von X2 auf X3, 03 kommt
X3 paßt zurück auf X2, 02 kommt
X4 zur Sperre auf 02, X1 (LH) Sperre auf 01
X2 mit Körpertäuschung und Paß an den sich absetzenden X4
X4 wirft auf das Tor

Parallelstoß (Stoßen)

Der Parallelstoß ist eine spezielle Angriffsart, die vorwiegend bei Überzahl angewendet wird. Grundprinzip ist das Binden des Gegenspielers, um dadurch eine Überzahl, besonders auf den Außenpositionen, zu bekommen. Hauptmerkmal ist die Wurf- und Körpertäuschung, die zum Herauskommen eines oder mehrerer Abwehrspieler führt.
Wird in der Phase des Täuschens der Ball schnell genug an den Mitspieler gepaßt, der seinerseits die Bewegung des Stoßens ausführt, dann entsteht zwangsläufig irgendwo eine Überzahl.

Wichtig

- Körperkontakt mit dem Abwehrspieler vermeiden, da sonst die schnelle Angriffsbewegung unterbrochen wird.
- Der Angriffsraum ist ca. 15 bis 20 m vor dem Tor.
- Der Mitspieler auf der rechten oder linken Seite läuft mit ein.
- Das Abspiel erfolgt schnell, sicher und ohne Verzögerung.
- Die Pässe werden über alle Stationen von rechts oder von links gespielt.

Übungsformen zum Parallelstoß

1. Parallelstoß 2:2

Ball- und Laufweg:

X1 stößt, Wurf- und Körpertäuschung, 01 geht mit, 02 sichert, Paß zu X2

X2 mit Täuschung zum Durchbruch

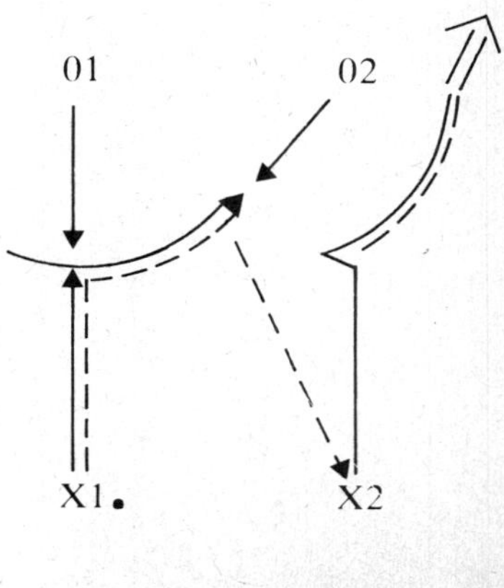

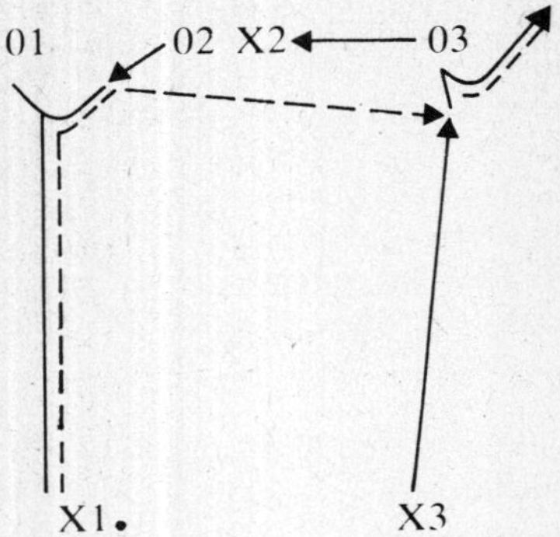

2. Parallelstoß 2:2 mit Kreisläufer
Ball- und Laufweg:
X1 stößt mit Körper- und Wurftäuschung, 02 hilft aus
03 übernimmt LH X2
X1 paßt zum mitlaufenden X3
X3 mit Täuschung zum Durchbruch

3. Parallelstoß 6:5
Ball- und Laufweg:
X1 stößt, paßt zu X2 usw.
Jeder Angreifer mit Täuschung, um Abwehrspieler zu binden (Überzahl auf Rechtsaußen) X6 kommt frei zum Wurf

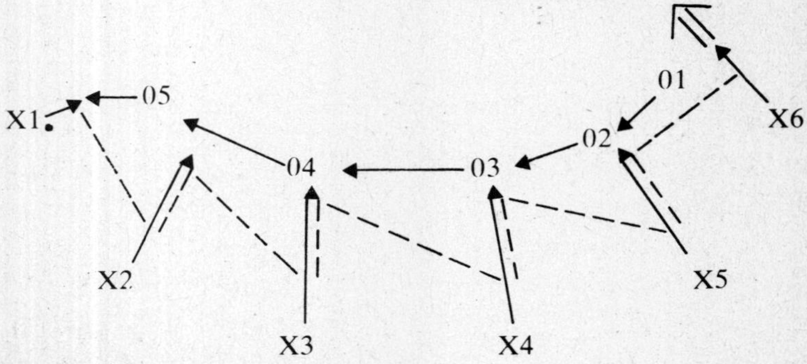

Vorbemerkungen zur Mannschaftstaktik

Unter Mannschaftstaktik versteht man die Summe der Spielhandlungen, die notwendig sind, um erfolgreich im Team zu bestehen. Dazu müssen die Einzelspieler:

- in der Lage sein, ihre individuellen technischen und taktischen Fertigkeiten und Fähigkeiten in enger Zusammenarbeit mit den jeweiligen Nebenspielern einzusetzen.
- bereit sein, sich diszipliniert an die taktische Marschroute zu halten, aber auch in der Lage sein, das taktische Verhalten nach der Spielsituation zu verändern (zum Beispiel bei Veränderungen des eigenen Abwehrsystems durch Umstellung des gegnerischen Angriffs).
- die spieltaktischen Aufgaben vor dem Wettkampf theoretisch lösen können. Das setzt voraus, daß ihr taktisches Denken ständig im Training geschult wird.

Bei der Entwicklung der Taktik eines Wettspiels sollte der Trainer folgendes beachten:

- Welches Angriffssystem spielt die Gegenmannschaft?
- Wo liegen die mannschaftlich taktischen Stärken der Gegenmannschaft (variables Umschalten des Angriffs und der Abwehr, welche Möglichkeiten werden beherrscht)?
- Wo liegen die individuellen technischen und taktischen Stärken der Gegenmannschaft (Torschützen im Rückraum, am Kreis, Spielmacher)?
- Wer sind die spieltragenden Gegenspieler?
- Welches Abwehrsystem spielt die Mannschaft des Gegners?
- Wo liegen die mannschaftlich taktischen Schwächen der Abwehr der Gegenmannschaft (Beherrschen bestimmter Abwehrsysteme)?
- Wo liegen die individuellen technischen und taktischen Schwächen der Gegenspieler (Nahtstellen, Unbeweglichkeit, taktisches Fehlverhalten einzelner Spieler in ihren Positionen)?
- Welche Schwächen hat der Torwart der Gegenmannschaft (technische, taktische, psychische)?
- Wie klappt das Zusammenspiel zwischen Torwart und Abwehr?
- Wie ist der konditionelle Stand der Gegenmannschaft (Schnelligkeit, Beweglichkeit, Kraft und Ausdauer der einzelnen Spieler, Nachlassen der Konzentration in beiden Halbzeiten, Schwächeperioden während des Spiels)?
- Welche psychische Verfassung besitzen die Spieler der Gegenmannschaft (lassen sich Spieler provozieren durch Fehlentscheidungen der Schiedsrichter, durch verbale Beeinflussung oder Foulspiel)?

Um diese Fragen zu beantworten, ist eine genaue Beobachtung und Auswertung anhand von Spielprotokollen notwendig. Das gilt für die

Gegenmannschaft wie für die eigene. Die taktische Analyse und die sich daraus ergebende taktische Marschroute nutzen sehr wenig, wenn man nicht die Stärken und Schwächen der Spieler der eigenen Mannschaft beachtet. Denn deren Fähigkeiten bestimmen letztlich die Wahl der Taktik.
Wenn zum Beispiel eine Mannschaft in der Abwehr eine 6:0-Formation spielt und einen Torwart besitzt, der Schüsse aus der zweiten Reihe nur schwer parieren kann, dann ist ein solches System unzweckmäßig. In diesem Fall muß die Abwehr gegen die zweite Reihe verstärkt werden, um die Schwäche des Torwartes auszugleichen.
Ein anderes Beispiel: Wenn eine Mannschaft nur wenig gute Rückraumspieler besitzt, dann sollte sie ein System wie 2:4 (zwei Rückraumspieler, 4 Kreisspieler) wählen.

Mannschaftstaktik des Angriffs

Die Taktik des eigenen Angriffs wird durch die Spielstärke der Einzelspieler bestimmt.
Außenspieler müssen schnell sein, ein gutes Koordinationsvermögen besitzen und Torwürfe aus spitzem Winkel im Stand, im Lauf, im Sprung, im Fallen durchführen können.
Halb- oder Aufbauspieler müssen über eine gute Wurfkraft verfügen, um Fernschüsse anzubringen, sowie präzise abspielen und das Spiel aufbauen können. Sie müssen eine besonders gute taktische Disziplin entwickeln, weil sie mit der Führung des Spiels beauftragt werden.
Kreismittelspieler brauchen hervorragendes technisches Können in bezug auf Annehmen und Werfen der Bälle. Hier müssen sie äußerst variabel sein, da sie sich in der gegnerischen Abwehr befinden und ständig durch die Abwehrspieler bedrängt werden. Schnelligkeit, Beweglichkeit, Gewandtheit, Einsatzwille und Risikobereitschaft sind die Eigenschaften, die den Kreismittelspieler auszeichnen.
In einer Mannschaft können die Einzelspieler nicht immer die Position einnehmen, die ihnen besonders liegt; dann ist es ein Motivationsproblem, sie für ihre speziellen Aufgaben zu begeistern. Durch Verteilung und klare Abgrenzung der Funktionen durch den Trainer wird es möglich, taktische Probleme zu lösen. Je eher die Spieler bereit sind, sich den Anforderungen unterzuordnen, desto vielfältiger werden die Möglichkeiten sein, taktisch variabel zu spielen.
Die taktischen Handlungen eines Spiels sind nicht isoliert zu betrachten; denn sie bilden eine Einheit. So unterscheiden wir fünf Phasen, nach denen ein Angriff grundsätzlich abläuft und die zusammengenommen die Angriffsaktion bestimmen.

Um gut über die Runden zu kommen . . .

Eingeleitet wird der Angriff mit dem *Tempogegenstoß* (TGS). Ist der TGS nicht erfolgreich, setzt der *erweiterte Tempogegenstoß* (ETGS) ein. Danach erfolgt die *Organisation des Positionsangriffs* (das vorgesehene Grundangriffssystem), dann der *Positionsangriff* selbst unter Einbeziehung der Schwächen der gegnerischen Abwehr. Die 5. Phase ist schließlich die *Auflösung des Positionsangriffs* nach den individuellen Stärken und Möglichkeiten der eigenen Angriffsspieler mit Hilfe von gebundenen (Spielzügen) oder ungebundenen Angriffsformen.
Natürlich läuft ein Angriff nicht immer über diese fünf Phasen ab. Oft zwingt die Situation zu einem Handeln, das nicht alle Phasen zuläßt. Grundsätzlich aber sollte diese Abfolge eingehalten werden.

Tempogegenstoß (TGS)

Der Tempogegenstoß (Phase 1) ist eine taktische Angriffsmaßnahme, die bei plötzlichem Ballgewinn eingeleitet und mit größter Schnelligkeit durchgeführt wird. Der Spieler muß einen scharfen Paß (lang und auch kurz) in vollem Lauf aufnehmen, den Wurf vorbereiten und erfolgreich abschließen, wobei er die Reaktion des gegnerischen Torwarts zu beobachten hat. Nicht selten ist der Paß an einen Mitspieler weiterzuleiten, der sich in einer besseren Position befindet. Das verlangt einiges taktisches Verständnis.
Wichtig ist der richtige Zeitpunkt zum Ablaufen. Sobald der Angriffsspieler der Gegenmannschaft den Ball auf das Tor wirft, startet der Außenspieler, der sich auf der ballabgewandten Seite befindet.
Andere Möglichkeiten zum Einleiten des Tempogegenstoßes sind: Paßfehler, herausgespielte Bälle, abgefangene Torwürfe und am Tor vorbeigeworfene Bälle.

Übungsformen zum Erlernen des Tempogegenstoßes

1. TGS mit einer Spitze

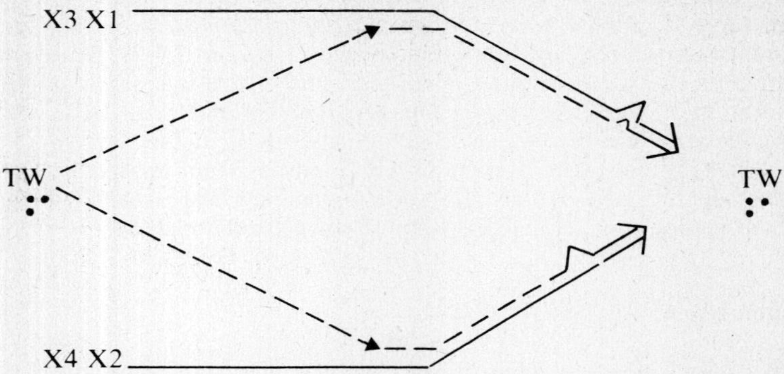

Der Paß wird vom Torwart abwechselnd direkt auf die Außen gespielt. Das gleiche geschieht auf der gegenüberliegenden Seite.

2. TGS mit zwei Spitzen

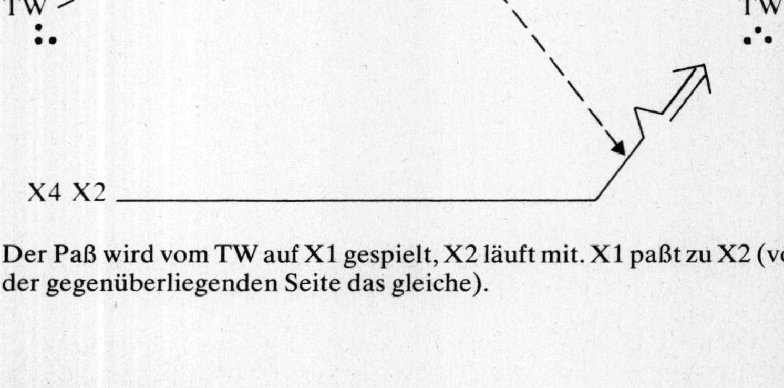

Der Paß wird vom TW auf X1 gespielt, X2 läuft mit. X1 paßt zu X2 (von der gegenüberliegenden Seite das gleiche).

3. TGS mit zwei Spitzen und Kreuzen

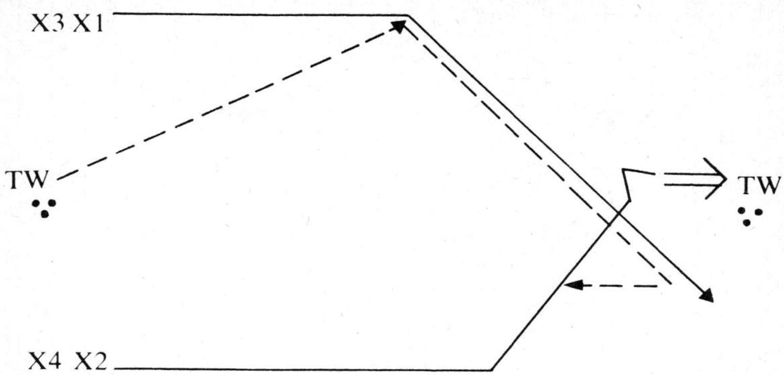

Der gleiche Ablauf wie in Übungsform 2; X2 kreuzt mit X1, bevor X2 wirft.

4. TGS mit zwei Spitzen und einem Aufbauspieler

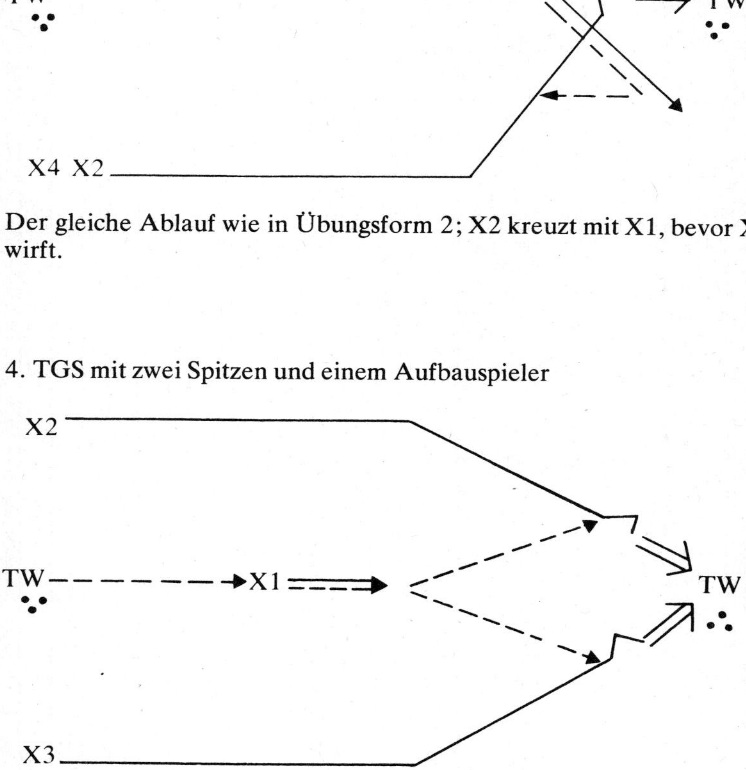

Der Paß kommt vom TW zum Aufbauspieler X1, während beide Außen starten; einer der beiden erhält den Paß und wirft.

Variationen

4.1. TW paßt zu X1, X1 paßt zu X2, X3 kreuzt mit X2 und wirft.

4.2. X1 hat seine Position außen und gibt Diagonalpässe nach einem kurzen Vorlaufen auf X2 oder X3.

5. TGS mit zwei Spitzen und einem Aufbauspieler

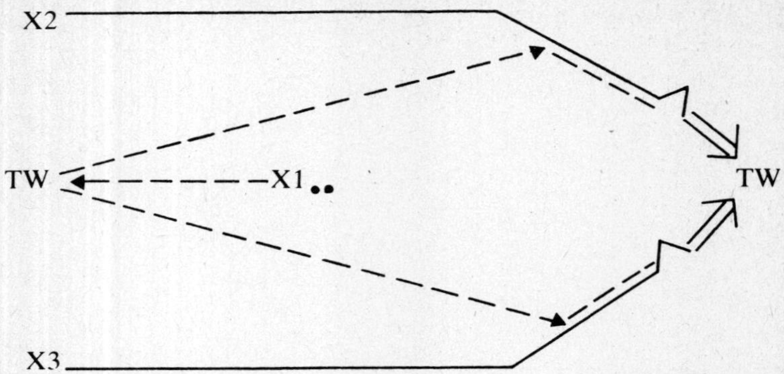

X1 wirft auf das Tor, X2 und X3 starten und erhalten den Paß vom TW.

Variation
X1 wirft auf das Tor und wird anschließend zum Abwehrspieler, um den Torwurf von X2 oder X3 zu verhindern.

6. TGS mit zwei Spitzen, zwei Abwehrspielern und einem Aufbauspieler

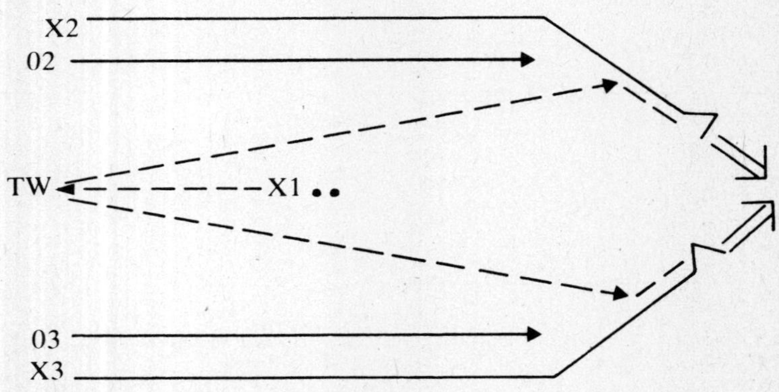

Paß von X1 auf TW, Paß von TW auf X2 oder X3; beide Abwehrspieler 02 und 03 versuchen, den Paß abzufangen und damit den Torwurf von X2 oder X3 zu verhindern.

7. TGS mit drei Spitzen und zwei Abwehrspielern

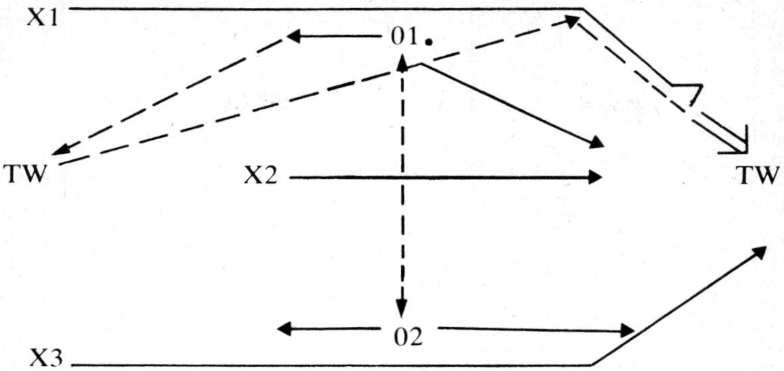

01 und 02 spielen sich den Ball im Aufbau zu; in entsprechender Entfernung erfolgt ein Torwurf. Alle drei Spitzen (X1, X2 und X3) starten zum Gegenstoß. Der TW gibt den Paß an den Spieler, der am besten anspielbar ist (hier: X1). 01 und 02 werden zu Abwehrspielern.

Der erweiterte Tempogegenstoß (ETGS)

Über die Ausführung des erweiterten Tempogegenstoßes gibt es verschiedene Ansichten. Wir bezeichnen den Angriff mit der zweiten Welle, die von den Aufbauspielern getragen wird, als erweiterten Tempogegenstoß.

Übungsformen zum Erlernen des erweiterten Tempogegenstoßes
1. ETGS mit zwei Spitzen und einem Aufbauspieler

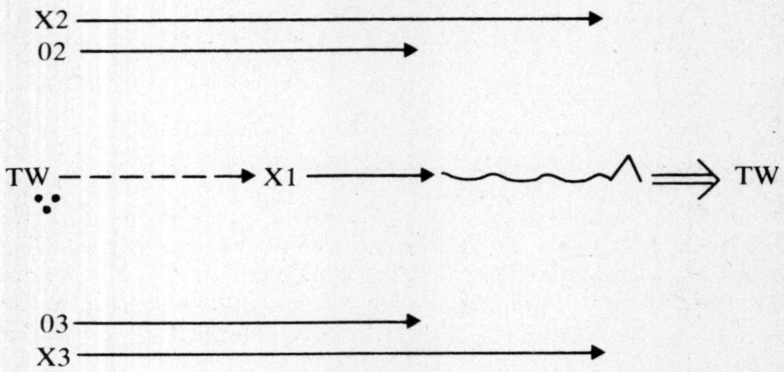

Paß vom TW auf X1, der dribbelnd auf das Gegentor läuft und mit einem Sprungwurf aus ca. 9 m Entfernung abschließt.

Variationen
X1 steht auf der Außenposition und dribbelt von dort zum Gegentor.
X1 spielt nach Dribbling an X2 oder X3 ab, wenn er von den Abwehrspielern bedrängt wird.

2. ETGS mit zwei Spitzen, zwei Aufbauspielern und zwei Abwehrspielern

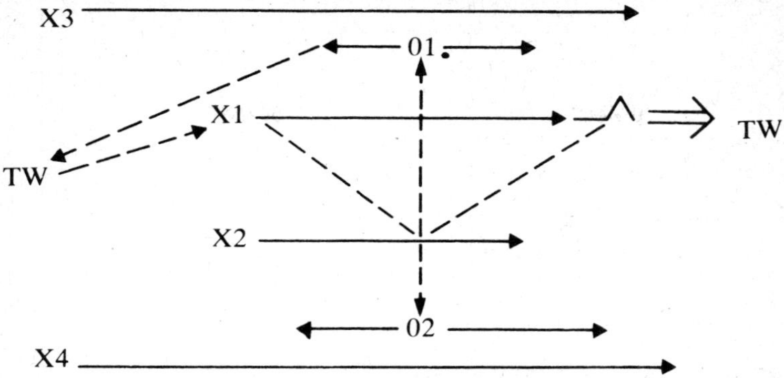

01 und 02 mit Pässen im Aufbau und anschließendem Torwurf. Der TW spielt X1 oder X2 an, während X3 und X4 mit hohem Tempo starten. X1 und X2 kommen als zweite Welle zum Angriff und schließen bei Möglichkeit mit Torwurf aus der zweiten Reihe ab oder spielen bei Behinderung durch die Abwehrspieler einen der freilaufenden X3 oder X4 an.

Variationen können mit Kreuzen und Sperren der Angreifer sowie Stoßen und Durchbruch geübt werden. Die Abwehrspieler bleiben zunächst passiv, spielen dann aber mit vollem Einsatz.

Organisation des Positionsangriffs

Erkennen die Spieler, daß weder die Phase 1: direkter Tempogegenstoß noch die Phase 2: erweiterter Tempogegenstoß zum Erfolg führen, wird die Phase 3: Organisation des Positionsangriffs eingeleitet. Das geschieht in der Regel nach einem optischen oder akustischen Signal. Danach wird der Ball zu einem Aufbauspieler gespielt, der die Organisation des Positionsangriffs übernimmt.
Der Positionsangriff richtet sich nach einer festgelegten taktischen Marschroute, die wiederum vom Abwehrsystem der Gegenmannschaft abhängt.

Bezeichnung der Positionen und Angriffsräume

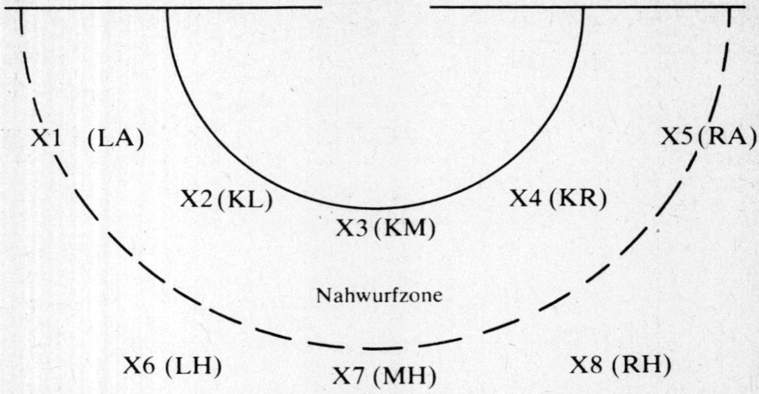

Weitwurfzone

LA = Linksaußen
KL = Kreis links
KM = Kreis Mitte
KR = Kreis rechts

RA = Rechtsaußen
LH = Linkshinten
MH = Mittehinten
RH = Rechtshinten

Wir unterscheiden
1. 3:3-Positionsangriff

In dieser Formation wird mit drei Rückraumspielern und drei Kreisspielern angegriffen. Sie bietet sich an, wenn man mindestens 4 bis 5 gute Rückraumspieler einsetzen kann. Aus diesem System ergeben sich eine Vielzahl taktischer Möglichkeiten im Rückraum sowie von Kombinationen zwischen dem Rückraum (2. Reihe) und dem Kreis (1. Reihe). Die 3:3-Angriffskombination wird heute am häufigsten gespielt, weil sie gegen nahezu alle Abwehrsysteme einzusetzen ist. – Um abwehrmäßig erfolgreich gegen eine 3:3-Angriffsformation zu bestehen, braucht man offensive Abwehrspieler.

2. 2:4-Positionsangriff
Ziel: Schaffung von Wurfmöglichkeiten vor allem über die Außen, da die Abwehr gezwungen wird, sich auf die mittleren Positionen zu konzentrieren
Enge Stellung

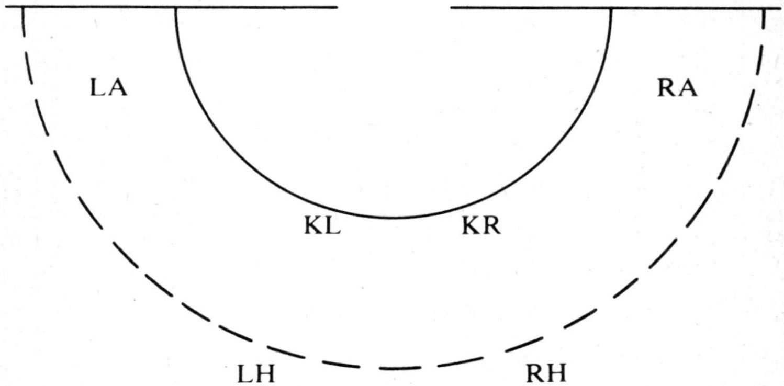

Ziel: Einbruch und Wurfmöglichkeiten über die mittleren Abwehrpositionen zu schaffen
Weite Stellung

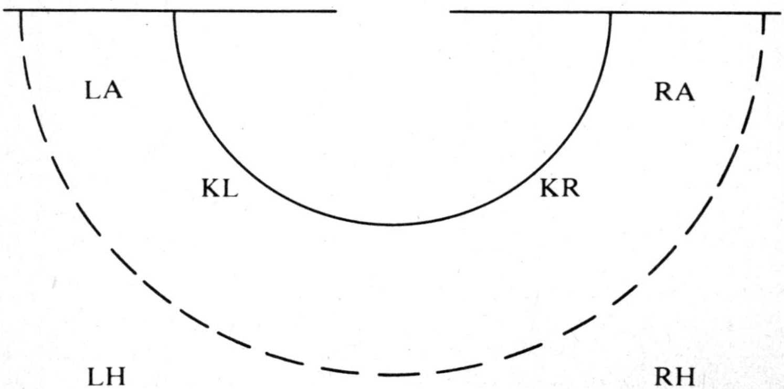

In dieser Angriffsformation wird mit zwei Rückraumspielern und vier Kreisspielern gespielt. Verfügt eine Mannschaft über weniger gute Rückraumspieler, dagegen über gute Kreisspieler, dann sollte man dieses Angriffssystem wählen. Die Abwehr der Gegenmannschaft wird gezwungen, defensiv zu spielen, und zwar um so mehr, je konsequenter über außen angegriffen wird. Dadurch erhalten die Rückraumspieler die Möglichkeit zum Einbruch und Torwurf über die mittleren Abwehrpositionen.
Der Nachteil dieses Angriffssystems liegt in der zahlenmäßig schwachen Besetzung des Rückraumes, wodurch die Gegenspieler die Chance haben, Querpässe abzufangen und Tempogegenstöße einzuleiten.
Weitere Nachteile sind:

- die Einengung der taktischen Möglichkeiten im Rückraum.
- die Anwendbarkeit ausschließlich gegen 6:0- und 5:1-Abwehrsystem.

3. 4:2-Positionsangriff

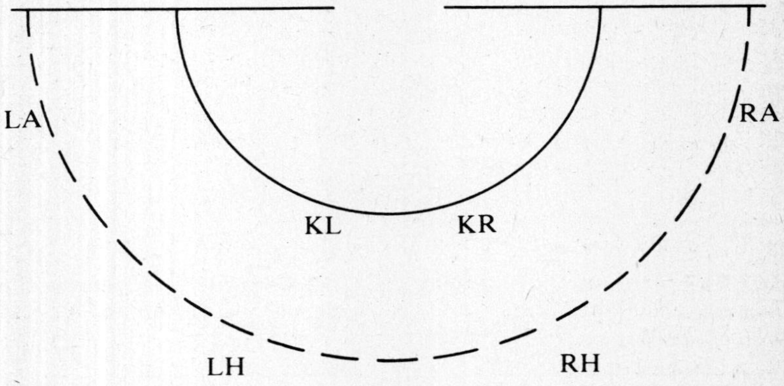

In diesem Angriffssystem wird mit vier Rückraumspielern und zwei Kreisspielern operiert. Man wendet es dann an, wenn man über ausreichend gute Angreifer im Rückraum verfügt und weniger gute Kreisspieler hat. Aus diesem System ergeben sich viele taktische Möglichkeiten im Rückraum. Anfällig wird es bei einer offensiven beweglichen Abwehr.

4. 5:1-Positionsangriff

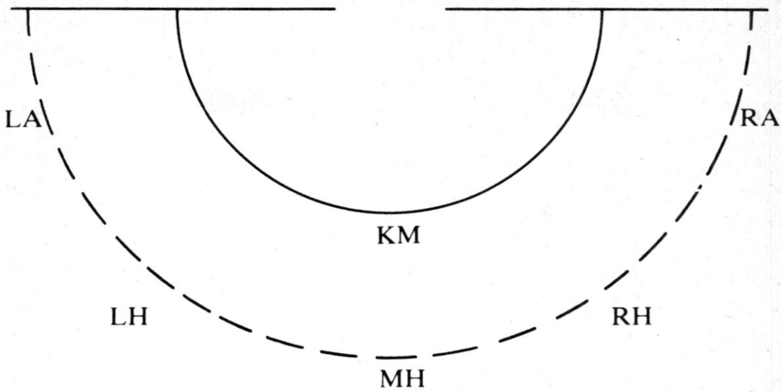

Die 5:1-Angriffsformation wird mit fünf Rückraumspielern und einem Kreisspieler gespielt. Die Rückraumspieler sollten besondere Qualitäten im individuellen Angriff besitzen, wie Beherrschung der Körper- und Wurftäuschung, sichere Ballbehandlung sowie die Fähigkeit, taktisch günstige Situationen schnell zu erkennen. Anderenfalls sollte ein solches Angriffssystem nicht gespielt werden.

Positionsangriff

Beim Positionsangriff (Phase 4) bleiben die Positionen grundsätzlich besetzt, können aber immer wieder durch verschiedene Spieler eingenommen werden.
Angriffsprinzipien des Positionsangriffs sind:
1. Ballzirkulation in der zweiten Reihe (Rückraum). Der Ball wird, beginnend von links oder rechts, in der zweiten Reihe gespielt
2. Ballzirkulation zwischen der ersten und zweiten Reihe
3. Körper-, Wurf- und Abspieltäuschungen
4. Anwenden individueller technisch-taktischer Spielfertigkeiten wie Kreuzen, Wechseln, Sperren und Stoßen

Variationen der Grundformationen
- 3:3 (drei Rückraumspieler, drei Kreisspieler) mit Übergang zu 2:4 (zwei Rückraumspieler, vier Kreisspieler)
- 2:4 mit Übergang zu 3:3
- 4:2 (vier Rückraumspieler, zwei Kreisspieler) mit Übergang zu 3:3
- 3:3 mit Übergang zu 4:2

Über diese Beispiele hinaus gibt es weitere Angriffsformationen, die ein Trainer nach taktischen Gesichtspunkten, insbesondere nach dem Abwehrsystem der Gegenmannschaft, einsetzen kann. Verfügt etwa eine Mannschaft über einen sehr guten Rückraumspieler mit besonderen Sprungwurfqualitäten, dann müssen seine Nebenleute durch Sperren und Schirmen versuchen, ihn in eine günstige Wurfposition zu bringen. Sind in der Mannschaft überragende Außenspieler, wird man ein Angriffssystem spielen, das Möglichkeiten schafft, die Außen zum Wurf zu bringen. Das geschieht in der Regel durch Schaffen von Überzahlverhältnissen auf beiden Angriffsseiten oder durch das Bilden von Sperren (Außensperren).
Die Übergänge von einer zur anderen Angriffsformation sind meistens mit der Auflösung der Positionsangriffe verbunden. Damit tritt für die Mannschaft die fünfte Phase des Angriffs ein.

Auflösung des Positionsangriffs
in gebundene oder ungebundene Spielformen

In dieser fünften Phase richten sich die Angriffshandlungen ausschließlich nach dem technisch-taktischen Vermögen einer Mannschaft und ihrer Einzelspieler, etwa nach der Stärke der Außenspieler oder Sprungschützen.

Beispiele für Angriffsformen der fünften Phase

1. Achterlauf aus einer 2:4-Angriffsformation gegen eine 5:1-Abwehrformation

Hier erfolgt die Auflösung des Positionsangriffs in ein gebundenes Laufspiel. Beim Achterlauf liegen Laufweg und Ballweg fest; er ist besonders gut geeignet, die Spieler mit den räumlichen und zeitlichen Verhältnissen im Spiel vertraut zu machen. Denn jeder Angriffsspieler muß nacheinander sämtliche Positionen im Angriff durchlaufen.
Der Achterlauf kann abgebrochen werden, wenn ein Angriffsspieler durch Fehlverhalten eines Abwehrspielers in eine günstige Anspielsituation und damit zu einer Wurfmöglichkeit kommt.

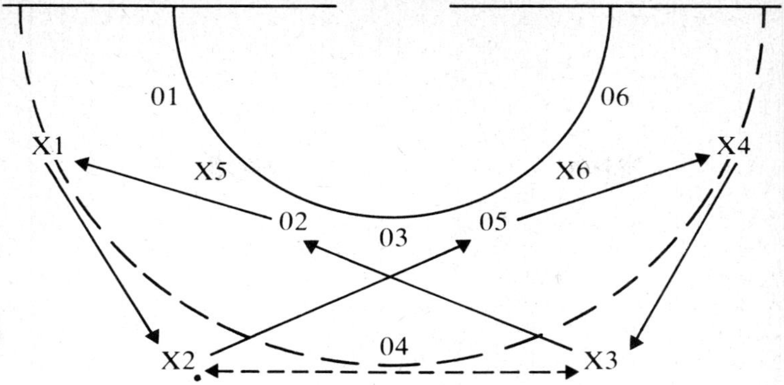

Ball- und Laufweg:
X2 paßt zu X3, X2 läuft hinter 04 diagonal ein
X1 rückt in die Position HL, wo zuvor X2 stand
X3 paßt zu X1, X3 läuft hinter 04 diagonal ein
X4 rückt in die Position hinter HR, wo zuvor X3 stand
X1 paßt zu X4
Inzwischen ist X5 nach LA und X6 nach RA gerückt.
Damit ergeben sich folgende Grundsituationen:
Die Pässe werden immer zwischen HL und HR gespielt; gelaufen wird von HL diagonal nach KR und von dort nach RA, von HR diagonal nach KL und von dort nach LA.

Spielzüge
Ein wesentliches Moment der fünften Phase sind die Spielzüge, die ebenfalls zu den gebundenen Spielformen zählen. Spielzüge sollten mit möglichst wenigen Spielern durchgeführt werden, weil ihr Erfolg von der genauen zeitlichen und räumlichen Abstimmung abhängt. Je mehr Spieler am Spielzug beteiligt sind, desto schwieriger wird die zeitliche Abstimmung (Timing).

2. Außensperre aus Positionsangriff 3:3 gegen Abwehr 6:0

Außensperre links

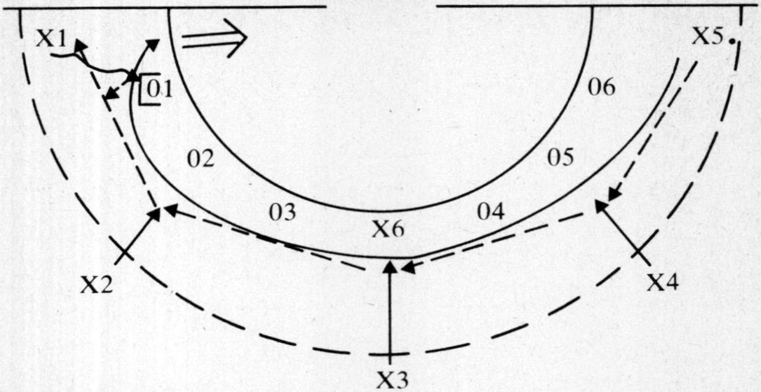

Ball- und Laufweg:
Paß von X5 an X4, X4 stößt und paßt zu X3
X5 läuft sofort nach dem Paß parallel zur Torraumlinie
X3 stößt und paßt zu X2, X2 stößt und paßt zu X1, X1 läuft eine Sperre auf 01
Inzwischen hat X5 die LA-Position erreicht, bekommt von X1 im Rückpaß den Ball und wirft auf das Tor
Variation: Außensperre rechts (Beginn auf der LA-Position)

3. Sperre mit Absetzen vom Kreis aus der 2:4-Angriffsformation gegen 6:0-Abwehr

Sperre mit Absetzen vom Kreis

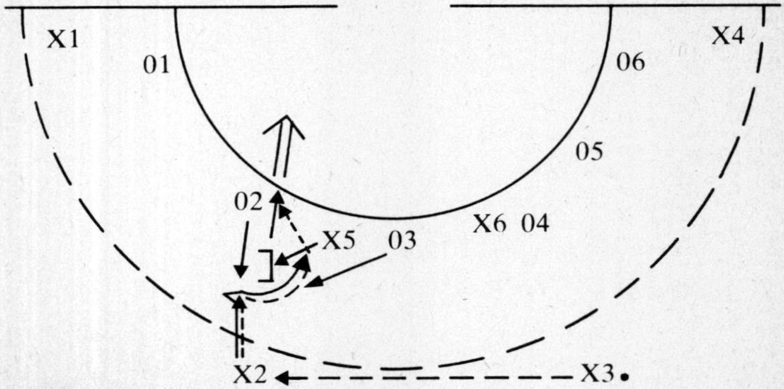

Ball- und Laufweg:
Paß von X3 zu X2, X2 stößt und holt 02 zur Abwehr heraus
X5 sperrt vom Kreis her 02 seitlich ab
X2 mit Körpertäuschung am gesperrten 02 vorbei und holt 03 zur Abwehr heraus
X5 sperrt nur flüchtig und setzt sich in Richtung Tor zum Kreis ab
X2 paßt zu X5, der wirft

4. Sperre mit Absetzen aus dem Rückraum aus der 3:3-Angriffsposition gegen 6:0-Abwehr

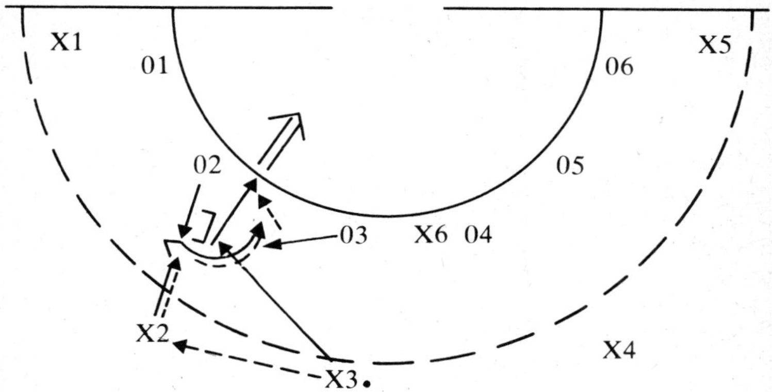

Ball- und Laufweg:
X3 paßt zu X2, 02 kommt gegen X2 zur Abwehr heraus
X3 läuft zur Sperre gegen 02 (seitlich)
X2 mit Körpertäuschung an den gesperrten 02 vorbei, 03 kommt zur Abwehr gegen den einbrechenden X2 heraus
X3 setzt sich in diesem Moment in Richtung Tor ab, bekommt den Paß von X2 und wirft

5. Spielzug aus dem Positionsangriff 2:4 gegen 6:0-Abwehr auf der linken Angriffsseite

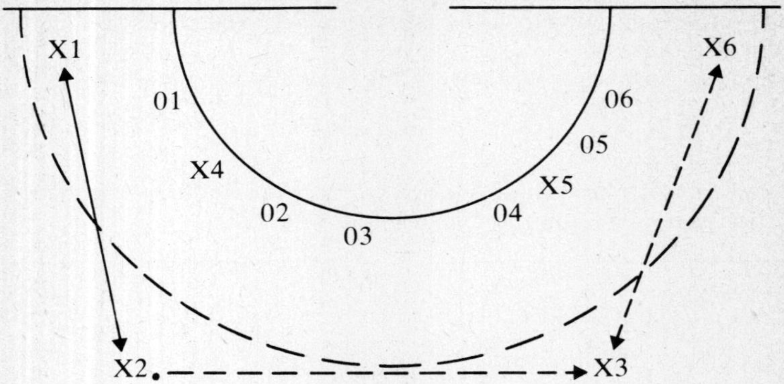

1. Phase
Ball- und Laufweg:
Paß von X2 zu X3, X3 zu X6
währenddessen tauschen KS X1 und RR X2 die Plätze
Paß von X6 zu X3

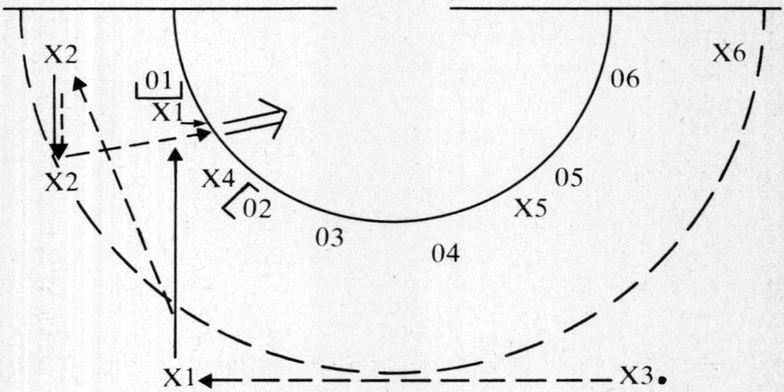

2. Phase
Ball- und Laufweg:
X3 paßt zu X1, X1 paßt zu X2
X1 läuft eine flüchtige Sperre auf 01 und setzt sich sofort wieder ab
X2 läuft parallel zum Torkreis nach innen, während X4 gegen 02 sperrt
X2 paßt an den sich absetzenden X1, X1 wirft
Variante: mit Linkshänder X6 auf der rechten Angriffsseite

6. Spielzug aus Positionsangriff 3:3 gegen 5:1-Abwehr

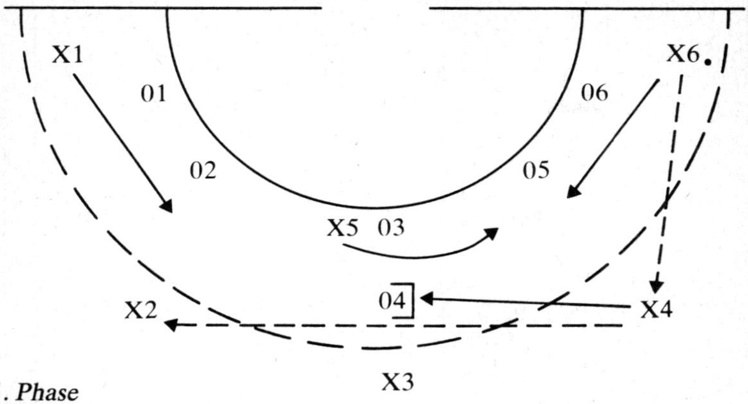

1. Phase
Ball- und Laufweg:
X6 (Linkshänder) paßt zu X4, X6 tauscht anschließend den Platz mit X5; X4 paßt zu X2 und läuft anschließend eine Sperre gegen 04
X1 läuft indessen von LA nach innen (parallel zum Torkreis)

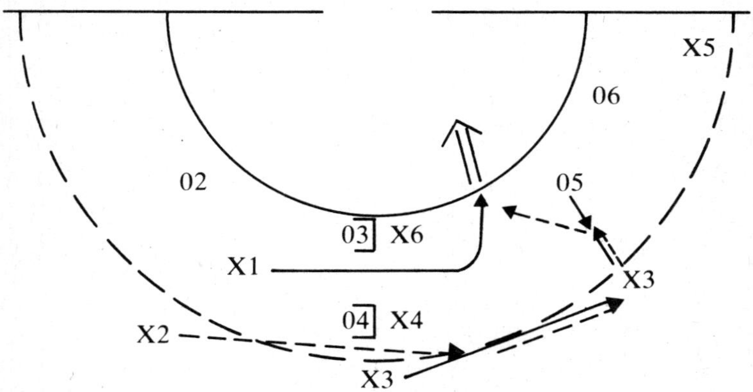

2. Phase
Ball- und Laufweg:
X3 läuft in die HR-Position und stößt, nachdem er den Paß von X2 erhalten hat
05 kommt zur Abwehr heraus. Inzwischen hat X1 die Position KR erreicht, erhält den Paß von X3 und wirft

7. Spielzug aus 4:2-Positionsangriff gegen 4:2-Abwehr
Kleines Abräumen

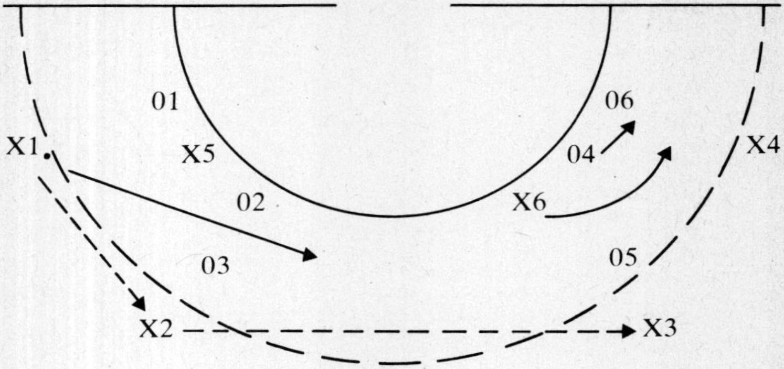

1. Phase
Ball- und Laufweg:
X1 paßt zu X2, X2 paßt zu X3
X1 läuft mit dem Paß parallel zur Torlinie nach innen
X6 läuft nach RA und nimmt 04 mit

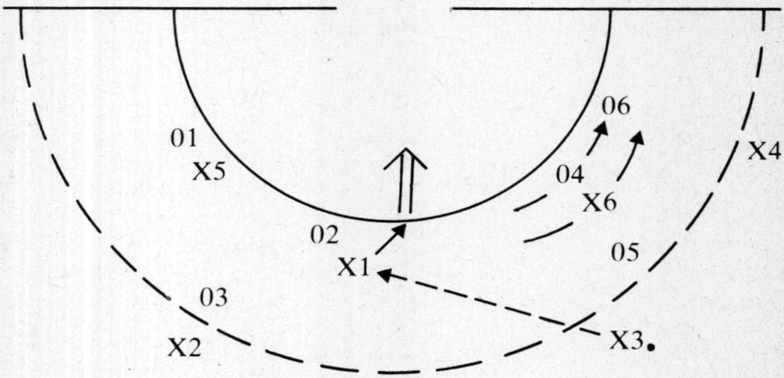

2. Phase
Ball- und Laufweg:
X1 läuft mit hohem Tempo in die Lücke zwischen 02 und 04
X3 paßt zu X1, X1 wirft

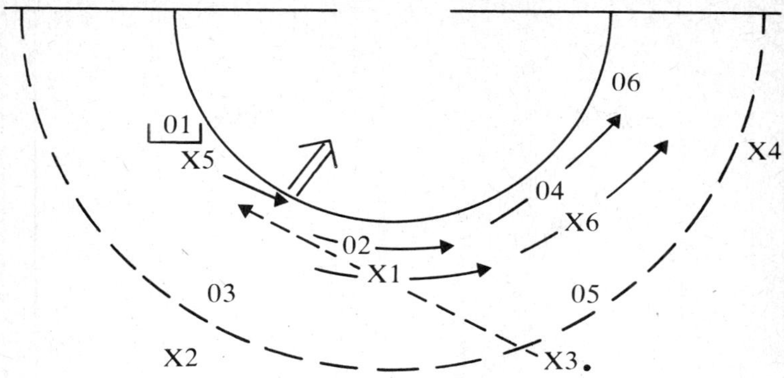

Variante
X5 sperrt 01 kurz an und setzt sich ab
Paß von X3 auf X5, X5 wirft auf das Tor

Freiwürfe

Untersuchungen bei den Olympischen Spielen 1972 in München und bei den Weltmeisterschaften 1974 in der DDR haben ergeben, daß nahezu ebenso viele Freiwürfe wie Torwürfe ausgeführt werden, aber nur etwa 20 bis 30 Prozent der Freiwürfe zu Torerfolgen führen. Obwohl der Freiwurf einen großen taktischen Vorteil bringt, wird er nicht genügend genutzt. Darum sollte der Trainer Freiwurfkombinationen mit seiner Mannschaft immer wieder üben.
Für Aufbau und Durchführung von erfolgreichen Freiwürfen gilt:
1. Die ausführenden Spieler sollten sich schnell aufstellen, um das Überraschungsmoment auszunutzen.
2. Durch das Beherrschen mehrerer Kombinationen ist es möglich, die Schwächen der gegnerischen Abwehr (zum Beispiel kleine Spieler in der Abwehrmauer) auszuspielen.
3. Alle Angriffsspieler müssen ihre Gegenspieler binden.
4. Die Sperren müssen konsequent durchgeführt werden.
5. Wurf- und Abspieltäuschungen sind in Verbindung mit Sperren anzuwenden.
6. Freiwurfkombinationen sind immer wieder zu variieren, damit die Abwehr der Gegenmannschaft ständig vor neue Probleme gestellt wird.

Freiwurfkombinationen

1. Freiwürfe mit Dreierblock

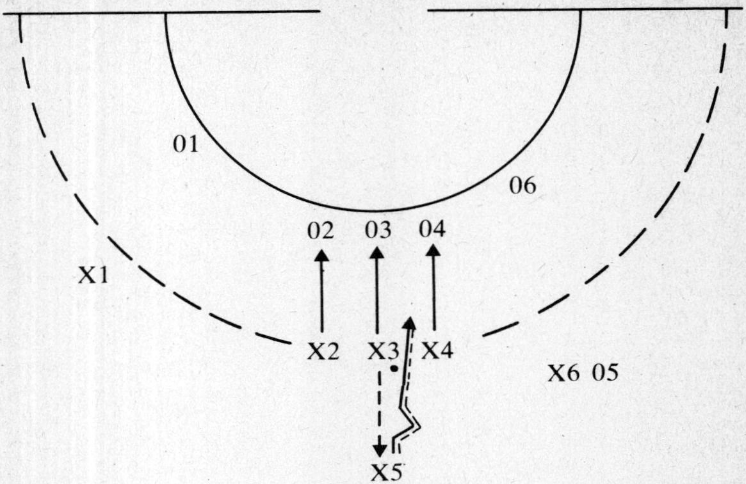

Kombination für einen hervorragenden Sprungschützen X5
X5 wird so abgeschirmt, daß er zum Wurf kommt

1.1. Variante

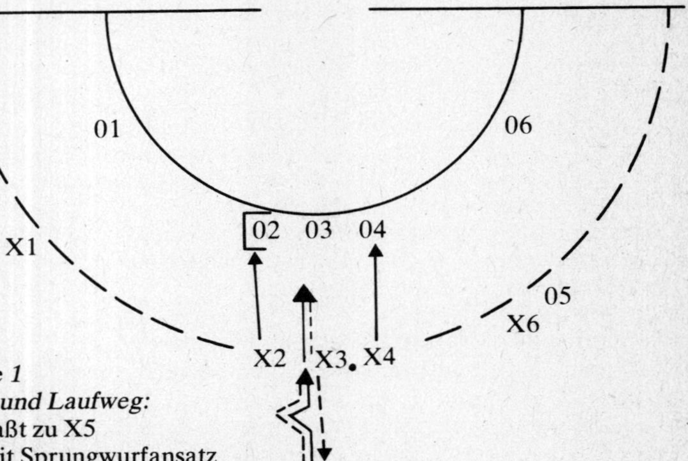

Phase 1
Ball- und Laufweg:
X3 paßt zu X5
X5 mit Sprungwurfansatz
X2 sperrt 02

Die Kombination 1.1 kann auch mit einem Linkshänder im Rückraum gespielt werden; dann wird der Freiwurf auf die rechte Seite verlagert.

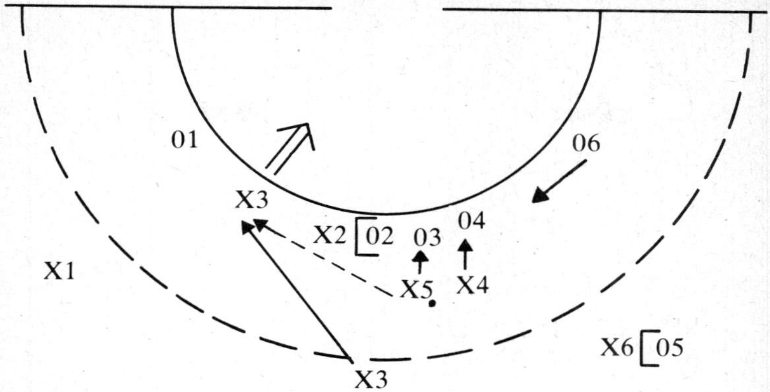

Phase 2
Ball- und Laufweg:
X3 hinter dem gesperrten 02 zum Kreis
Anspiel durch X5, X3 wirft

1.2. Variante
Die Variante kann auch mit Linkshänder (X2 wirft) gespielt werden.

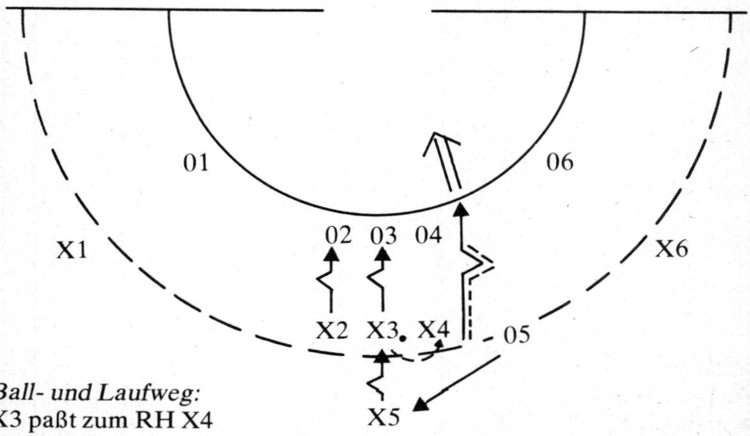

Ball- und Laufweg:
X3 paßt zum RH X4
X2, X3, X5 mit Sprungwurftäuschung
X4 wirft (Überraschungsmoment nutzen!)

1.3. Variante

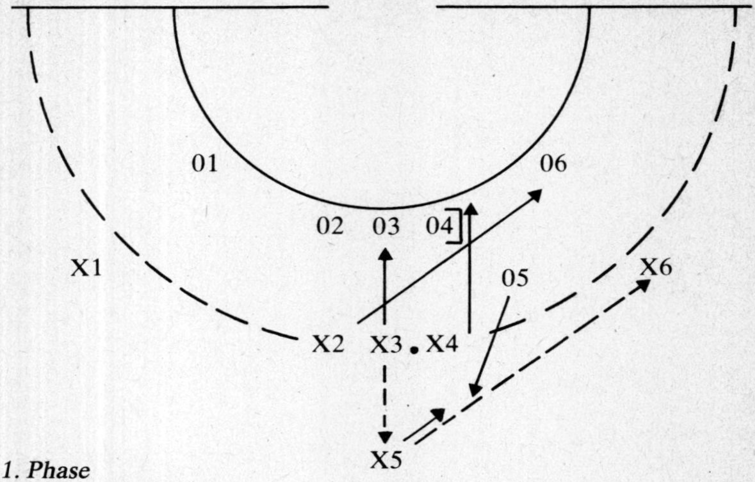

1. Phase
Ball- und Laufweg:
X3 paßt zu X5
X5 paßt zu X6
X4 sperrt 04
05 zur Abwehr gegen X5

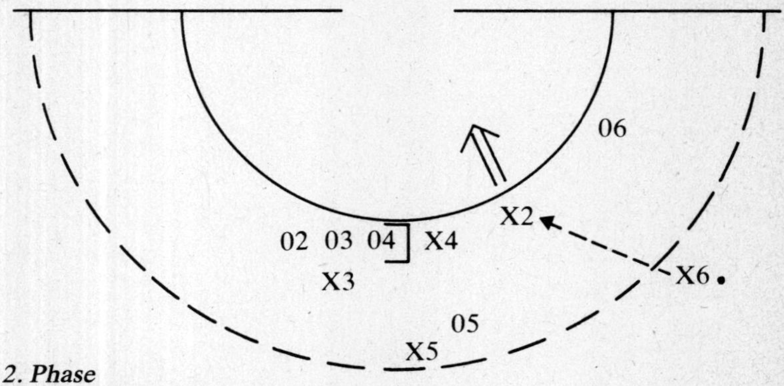

2. Phase
Ball- und Laufweg:
X2 in die Lücke zwischen dem gesperrten 04 und 06
X6 paßt zu X2
X2 wirft

1.4. Variante

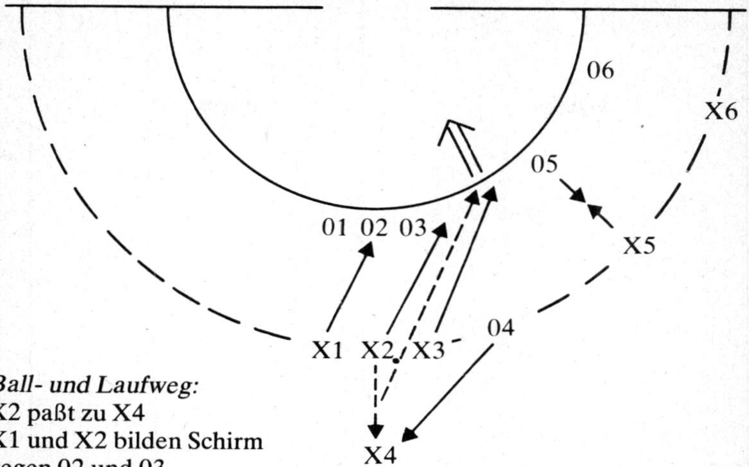

Ball- und Laufweg:
X2 paßt zu X4
X1 und X2 bilden Schirm
gegen 02 und 03
X5 stößt gegen 05 (binden)
04 geht zur Abwehr gegen X4
X3 setzt sich zum Kreis ab, Paß von X4; X3 wirft

2. mit Zweierblock

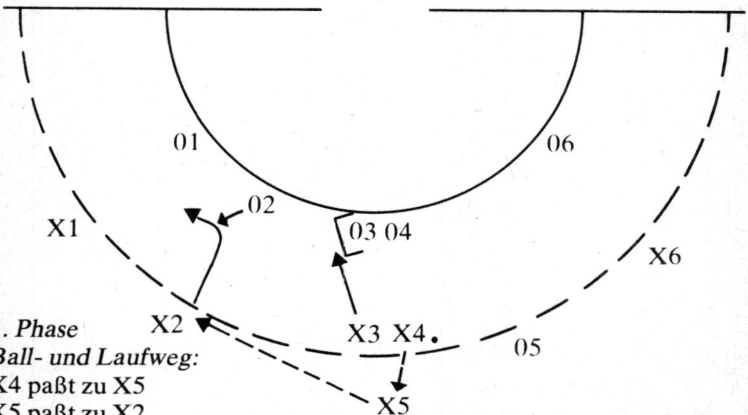

1. Phase
Ball- und Laufweg:
X4 paßt zu X5
X5 paßt zu X2
X3 sperrt 03
X2 stößt mit Körpertäuschung gegen 02

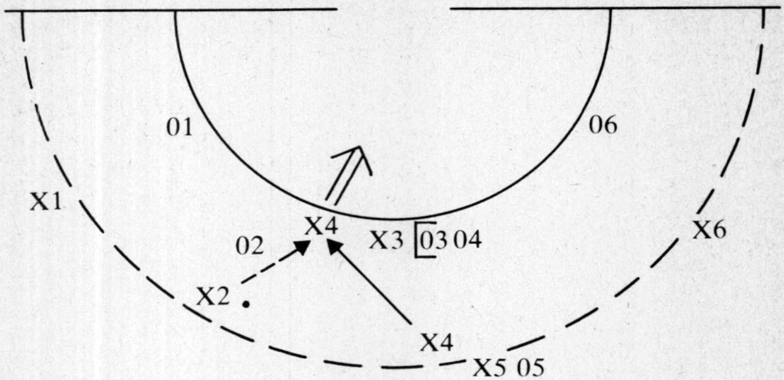

2. Phase
Ball- und Laufweg:
02 mit Abwehr gegen X2
X4 an dem gesperrten 03 vorbei zum Kreis
X2 paßt zu X4
X4 wirft

Überzahl im Angriff

Hat eine Mannschaft im Verlauf des Spiels eine zahlenmäßige Überlegenheit, dann muß dieser taktische Vorteil unbedingt zum Torerfolg führen.
Wichtigstes Prinzip ist das konsequente Ausnutzen der Überzahl. Es wird so lange gespielt, bis sich eine klare Torchance ergibt.
Typische Fehler, die beim Überzahlangriff gemacht werden:
1. Es wird zu überhastet auf das Tor geworfen;
2. es wird überhastet abgespielt;
3. es werden zu schnell die Positionen gewechselt.

Beispiele für Angriffsformen in der Überzahl (6:5)
1. Angriffsformation 2:4 gegen 5:0-Abwehr

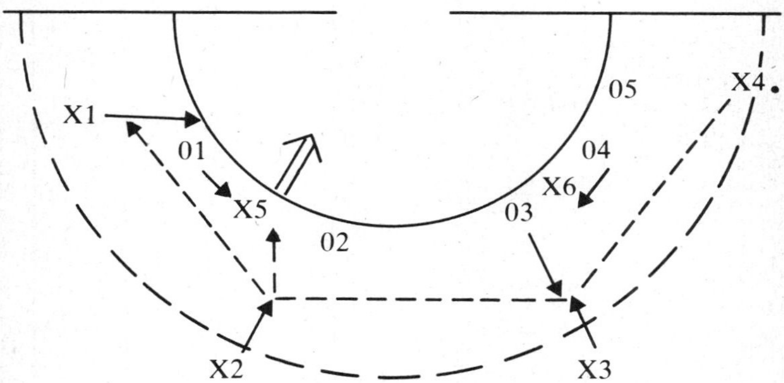

Ball- und Laufweg:
X4 paßt zum stoßenden X3, X3 paßt weiter zum stoßenden X2
02 muß zur Abwehr heraus, X2 paßt zum absetzenden X5
X5 wirft
oder: wenn 01 X5 decken kann, paßt X2 zum einlaufenden X1, der damit eine klare Torchance erhält und wirft

2. Angriffsformationen 5:1 gegen 5:0-Abwehr

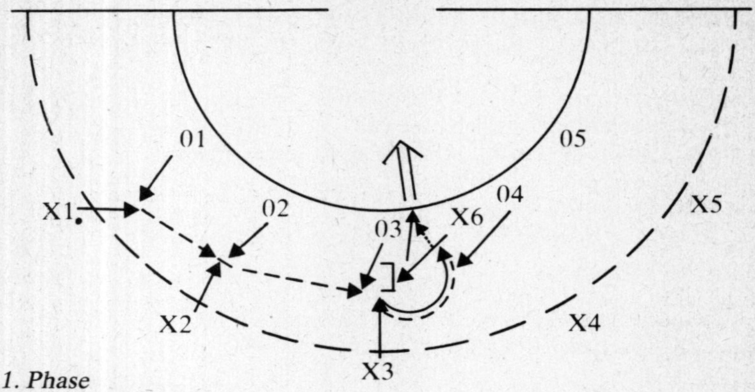

1. Phase
Ball- und Laufweg:
X1 stößt mit Ball, holt 01 und paßt zum einlaufenden X2
X2 holt 02 und paßt zum einlaufenden X3
X3 holt 03, X6 sperrt vom Kreis gegen 03, 04 rückt näher zur Abwehr nach
X3 kann den sich absetzenden X6 anspielen, X6 wirft

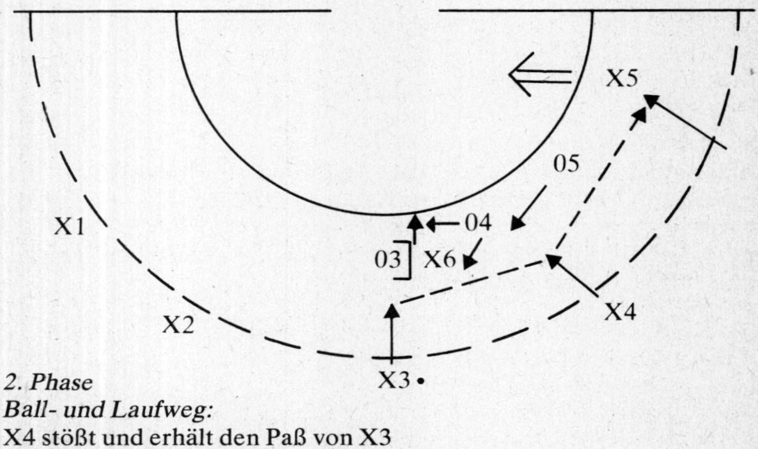

2. Phase
Ball- und Laufweg:
X4 stößt und erhält den Paß von X3
05 muß zur Abwehr einrücken
X4 paßt zu dem frei einlaufenden X5, X5 wirft

Abwehrtaktik

Die Abwehrtaktik erfordert bestimmte Verhaltensweisen vom Einzelspieler (individuelle Abwehrtaktik), das Zusammenwirken mehrerer Spieler (Gruppentaktik) und der gesamten Abwehrformation (Mannschaftstaktik).

Voraussetzungen und Grundlagen der Abwehrtaktik bilden

- das Beherrschen der Technik und Abwehrbewegungen;
- die Einsicht bei den Spielern, daß die Abwehr entscheidend für ein erfolgreiches Spiel ist und daher vorrangig trainiert werden muß;
- das harmonische Zusammenwirken aller Abwehrspieler im Abwehrverband.

In den letzten Jahren hat sich der Angriff qualitativ höher entwickelt als die Abwehr. Das führte teilweise zu Überhärten, die vorwiegend durch mangelhaftes Beherrschen der Abwehrfertigkeiten entstanden sind. Um diesen Überhärten im Spiel zu begegnen, muß im Training großer Wert auf die Verbesserung der Abwehrqualitäten gelegt werden.

Die Abwehr im Hallenhandball vollzieht sich in mehreren Phasen.

Phase 1: Nach Ballverlust im Angriff zieht sich die Mannschaft so schnell wie möglich in die eigenen Abwehrpositionen zurück.

Phase 2: Bevor die Organisation eines bestimmten Abwehrsystems beginnt, deckt der Spieler den Abwehrraum, in dem er sich befindet (Raumdeckung).

Phase 3: Danach erfolgt die Organisation der Abwehr in einem festgelegten System.

Phase 4: Sie wird bestimmt durch die Abwehrprinzipien des jeweilig gewählten Systems (zum Beispiel 5:1-Abwehr).

Phase 5: Auflösung des festgelegten Abwehrsystems, wenn es die taktische Situation erfordert (zum Beispiel Übergang zur Manndeckung).

Individuelle Abwehrtaktik

Stellungsgrundsätze des Abwehrspielers

- Dem Angreifer in kurzen Nachstellschritten nähern (Vorsichtsmaßnahme gegen das Überlaufenwerden)!
- Sicherheitsabstand einhalten! Ist der Gegenspieler schneller, muß der Abstand größer bleiben. Im Rückraum bleibt der Abstand größer, am Kreis wird der Angreifer hautnah gedeckt. Der Ballbesitzer wird nach Möglichkeit immer hautnah gedeckt.
- In den mittleren Wurfpositionen wird die Wurfhand des Gegenspielers gedeckt. Der Abwehrspieler steht seitlich vor der Wurfarmseite seines Gegenspielers. So wird der Laufweg zur entgegengesetzten Wurfarmseite angeboten, und die Wurfhand bleibt unter Kontrolle.

Abwehrtaktik

- Individuelle Abwehrtaktik
  - Abwehr eines Spielers ohne Ball
    - Blockieren der Laufwege
    - Übernehmen eines Angriffsspielers
  - Abwehr eines Spielers mit Ball
    - Blocken des Torwurfes
    - Abwehren von Fern- und Nahwürfen
    - Herausspielen des Balles
    - Abwehr von Zuspielen und Finten
  - Stellungsspiel des Spielers
    - Sicherheitsabstand bewahren
    - Decken der Wurfarmseite
    - Abdrängen des Gegenspielers nach außen
  - Abwehrbereitschaft
- Gruppentaktik
  - Übergeben – Übernehmen
  - Raustreten und Einordnen
  - Blocken und Sichern
- Mannschaftstaktik
  - Beherrschen der Abwehrsysteme
  - Einstellung auf verschiedene Angriffsformationen
  - Verhalten bei Überzahl
  - Verhalten bei Unterzahl
  - Verhalten bei Freiwürfen

Der Abwehrspieler ist dafür verantwortlich, daß keine scharfen Schüsse in die Wurfhandecke abgegeben werden können. Danach kann der Torwart sein Stellungsspiel ausrichten.

- Immer wieder die Stellung zur Wurfhand korrigieren!
- Angreifer sind nach Möglichkeit in die Außenpositionen abzudrängen.

Gruppentaktik

Gruppentaktische Abwehr kann im Training nur im Zusammenhang mit der Angriffsarbeit geschult werden. Sie sollte sich vorwiegend im Abwehrraum (zwischen Torkreis und Freiwurfkreis) abspielen. Die Intensität der Abwehr wird allmählich gesteigert, die Abwehrbewegungen werden mit zunehmendem Einsatz und hohem Tempo ausgeführt. Dabei können alle möglichen Spielerkombinationen zum Tragen kommen, wie: 1 Abwehrspieler gegen 1 Angriffsspieler, 2:1, 2:2, 3:2, 3:3, 4:4 usw.

Übungsformen zur Gruppentaktik
Übergeben – Übernehmen

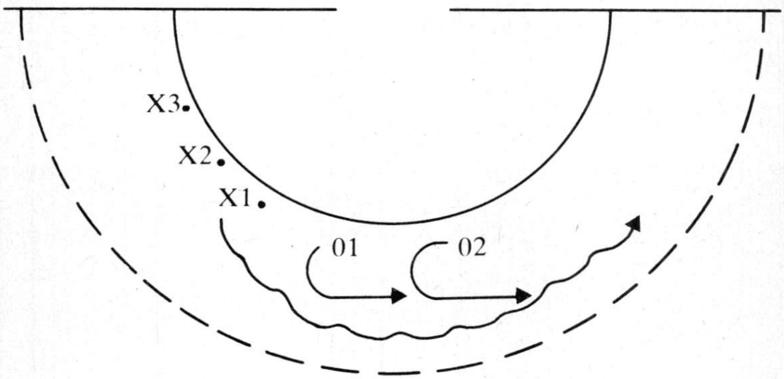

1.
Ball- und Laufweg:
X1, X2, X3 prellen nacheinander parallel zum Torkreis von LA nach RA und zurück
01 nimmt den Angriffsspieler an, begleitet und übergibt ihn an 02, 02 übernimmt und begleitet

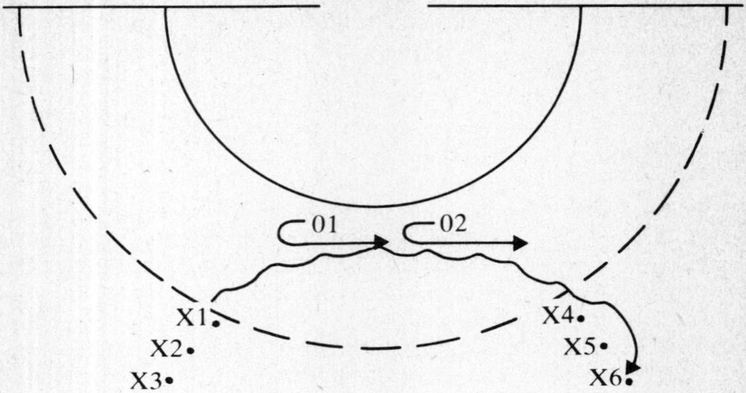

2.
Ball- und Laufweg:
X1 prellt auf den Torkreis zu und dann parallel zum Torkreis
01 übernimmt und übergibt an 02 (von der rechten Seite ebenso)

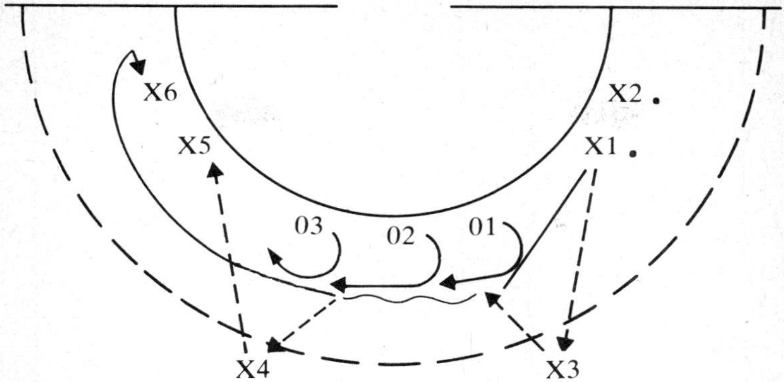

3.
Ball- und Laufweg:
X1 paßt zu X3 und läuft parallel zum Torkreis von RA nach LA, X3 paßt zurück zu X1
X1 paßt zu X4
01, 02, 03 übernehmen und übergeben nacheinander (von LA nach RA durch X5 und X6 ebenso)

Raustreten und Einordnen

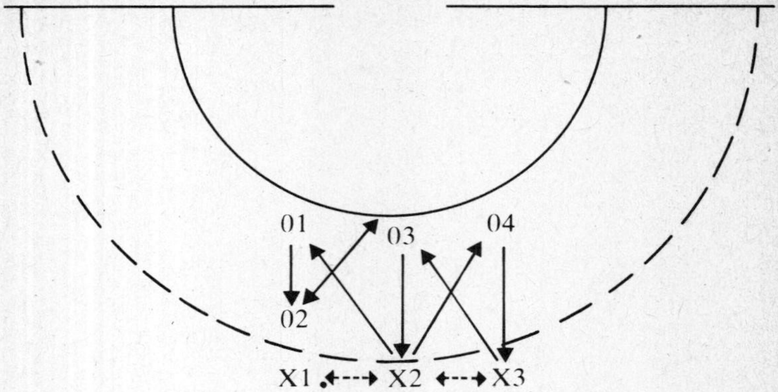

Ball- und Laufweg:
X1 läuft mit Ball, 02 kommt zur Abwehr
X1 paßt zu X2, 03 kommt zur Abwehr
02 ordnet sich in Richtung des gespielten Balles zum Torkreis ein, X2 paßt zu X3
04 kommt zur Abwehr, 03 ordnet sich ein usw.

Raustreten, Einordnen, Übernehmen

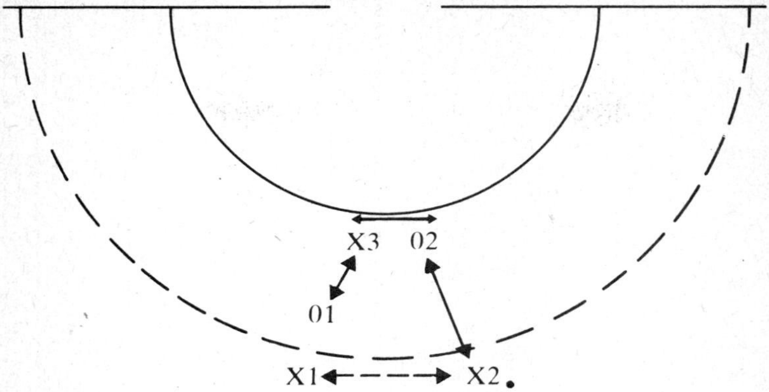

Ball- und Laufweg:
X2 paßt zu X1, 01 kommt zur Abwehr
02 übernimmt KS X3, X1 paßt zurück zu X2
02 kommt zur Abwehr, 01 ordnet sich ein und übernimmt KS X3

Raustreten, Blocken und Einordnen

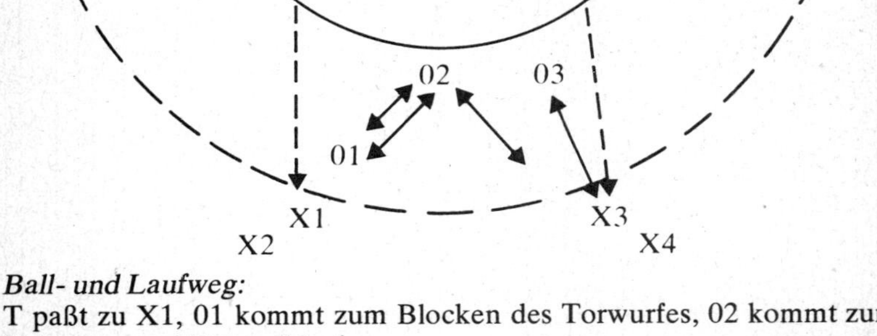

Ball- und Laufweg:
T paßt zu X1, 01 kommt zum Blocken des Torwurfes, 02 kommt zur Sicherung und Doppelblock
T paßt zu X3, 03 kommt zum Blocken des Wurfes, 02 kommt jetzt zur Sicherung und Doppelblock auf die andere Seite

Kombinierte Abwehrformen

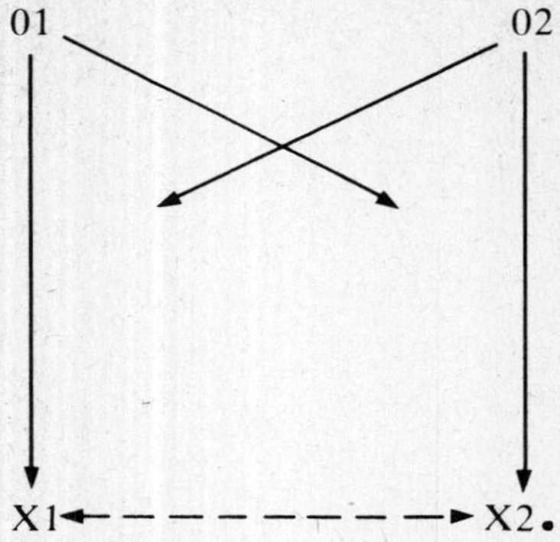

1. Raustreten und Sichern
Ball- und Laufweg:
X2 paßt zu X1
01 kommt zur Abwehr
02 sichert
usw.

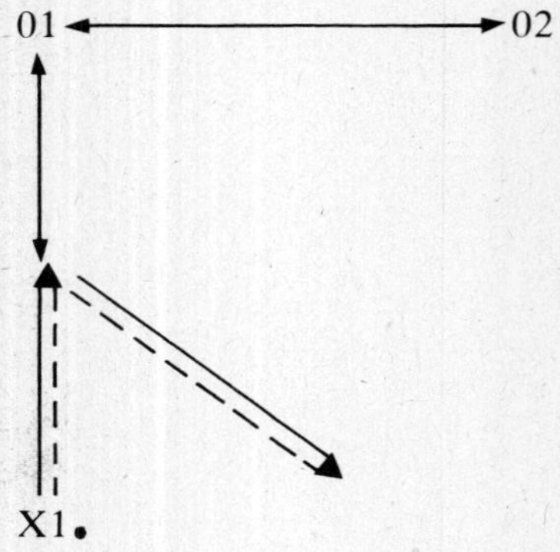

2. Raustreten und Sichern
Ball- und Laufweg:
X1 stößt
01 kommt zur Abwehr
02 sichert
usw.

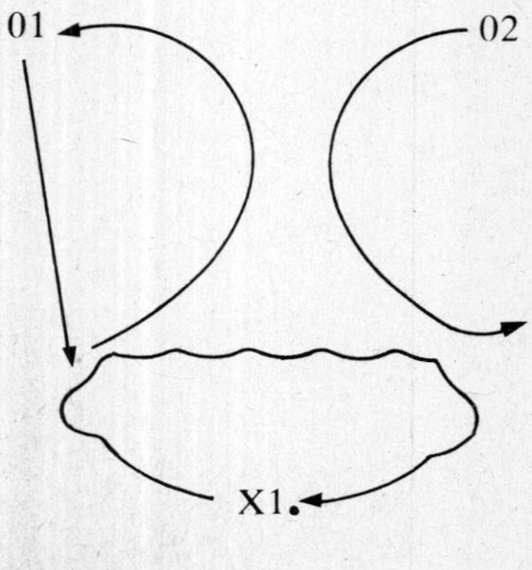

3. Raustreten, Begleiten, Übergeben, Übernehmen
Ball- und Laufweg:
X1 prellt
01 nimmt X1 an, begleitet ihn und übergibt an 02 usw.

4. Raustreten, Begleiten, Einordnen
Ball- und Laufweg:
X1 stößt
01 kommt zur Abwehr
X1 paßt zu X2
01 verschiebt mit dem Ball
X2 stößt
01 kommt zur Abwehr
usw.

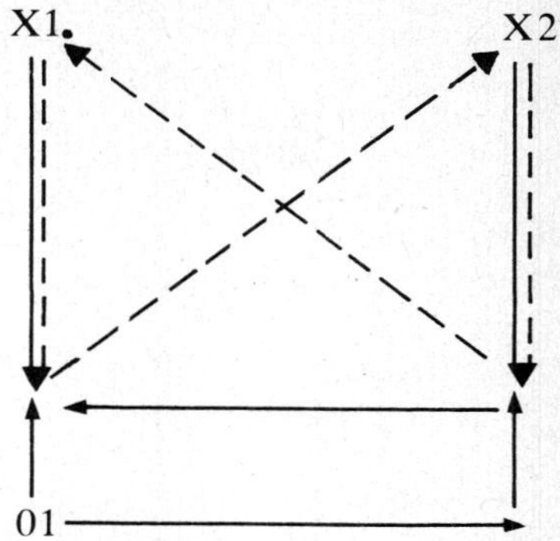

5. Ausweichen (Sperre)
Ball- und Laufweg:
X1 stößt
X2 sperrt 01
01 entzieht sich der Sperre durch Ausweichen

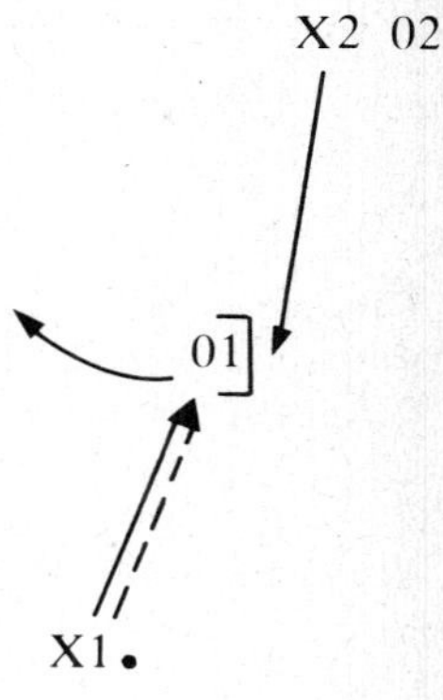

Mannschaftstaktik

Für Abwehrsysteme gelten einige wichtige Grundsätze:

1. Bildung von Abwehrschwerpunkten gegen den Ballführer der Gegenmannschaft. Das bedeutet, daß die Abwehrspieler durch Verschieben und Heraustreten sowie Übernehmen und Übergeben der einlaufenden Spieler auf der Ballseite eine verstärkte Abwehr bilden;
2. Beherrschen mehrerer Abwehrsysteme, um taktisch-variabel zu bleiben;
3. rechtzeitiges Erkennen von Spielzügen, um vor allem gegnerische Sperren aufzuheben;
4. in der Unterzahl defensiv decken, dafür aber stärker zur Ballseite verschieben und nach Möglichkeit doppelt blocken;
5. in der Überzahl offensiv decken, aber passiv in den Abwehraktionen bleiben, um den Gegner zum Zeitspiel zu veranlassen (Freiwürfe vermeiden!);
6. mit dem Torwart zusammenarbeiten, mit dem man vor dem Spiel klare Absprachen über die durch die Spieler zu deckende Torecke trifft.

Abwehrsysteme

Man unterscheidet eine Reihe von Grundabwehrsystemen, von denen im folgenden die vier wichtigsten dargestellt werden. Selbstverständlich werden diese Abwehrsysteme nicht das ganze Spiel hindurch in reiner Form, sondern je nach Spielsituation immer wieder in bestimmten Mischformen angewendet.

1. Die 6:0-Abwehrformation

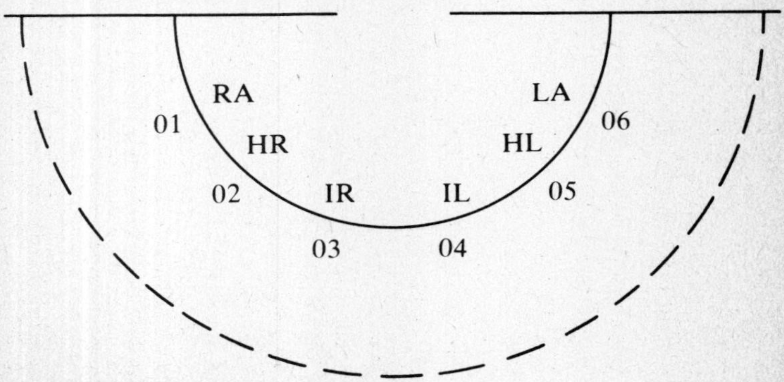

2. Die 5:1-Abwehrformation

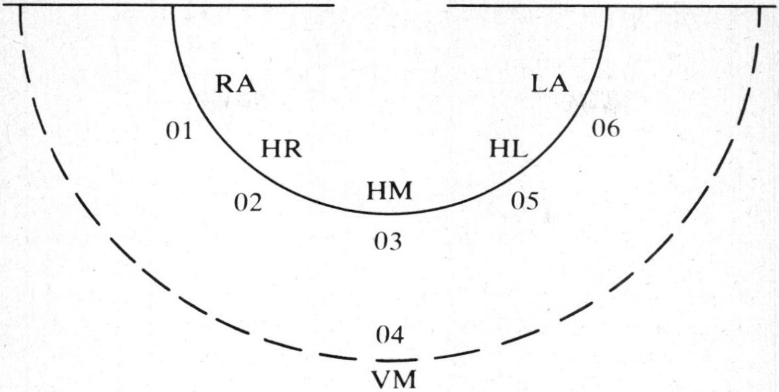

3. Die 4:2-Abwehrformation

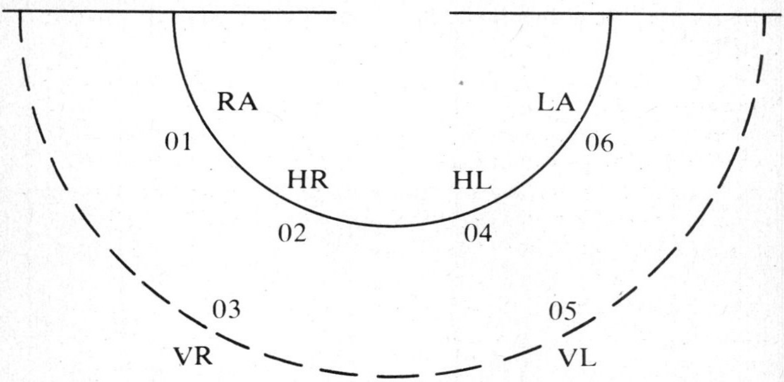

RA = Rechtsaußen
LA = Linksaußen
HR = Halbrechts
IR = Innen rechts

HM = Hinten Mitte
VM = Vorn Mitte
IL = Innen links
HL = Halblinks

4. Die 5:0:1-Abwehrformation

Die 5:0:1-Abwehrformation entspricht der 5:1-Abwehr – mit dem Unterschied, daß 1 keine feste Position bezieht, sondern als Sonderbewacher für einen gefährlichen Gegenspieler eingesetzt wird.

1. Die 6:0-Abwehrformation

2. Die 5:1-Abwehrformation

Die 4:2-Abwehrformation

Einstellung auf verschiedene Angriffsformationen

- Bei Angriff 2:4 (2 RR, 4 KS) – Abwehrformationen 6:0 oder 4:2 (besonders gut geeignet)
- bei Angriff 3:3 (3 RR, 3 KS) – Abwehrformationen 6:0 oder 5:1
- bei Angriff 4:2 (4 RR, 2 KS) – Abwehrformationen 6:0 oder 5:1

Die 6:0-Abwehrformation ist anfällig gegen gute Rückraumschützen, besonders dann, wenn die Rückraumschützen durch Schirmbildung zum Wurf kommen. Darum erfordert die 6:0-Abwehr besonders bewegliche und schnelle Abwehrspieler. Der Vorteil liegt in der geschlossenen Front gegen die Kreisspieler.

Die 5:1-Abwehrformation hat ihre Schwächen auf den Außenpositionen. Sie bietet sich immer dann an, wenn die Gegenmannschaft über schwache Außenspieler, aber starke Rückraumspieler verfügt, denen ein besonders offensiver Abwehrblock entgegenzustellen ist.

Die 4:2-Abwehrformation wird dann angewendet, wenn die Gegenmannschaft über zwei gute Aufbauspieler oder Rückraumwerfer verfügt. Die Aufgaben sind so verteilt, daß 01 und 06 sich nur am Kreis bewegen und das Eindringen der gegnerischen Außenspieler verhindern. 02 und 04 decken die Kreisspieler in den Mittelpositionen und blocken zusammen mit 03 und 05 die Würfe aus der zweiten Reihe. 03 und 05 müssen schnell, beweglich und gute Abwehrtechniker sein, da ihre Abwehrräume relativ groß sind. Ihre Hauptaufgabe ist, immer nahe an den Aufbauspielern der Gegenmannschaft zu sein. Anfällig ist dieses System gegen Kreisspieler, weil deren Angriffsräume ziemlich groß sind.

Verhalten bei Überzahl

Ist es notwendig, schnell gegen die in Unterzahl spielende Mannschaft in Ballbesitz zu gelangen, wird Manndeckung gespielt. Dabei wird ein sehr guter Abwehrspieler als ‹Ausputzer› an den Kreis gestellt, oder ein Abwehrspieler wird vorgezogen, um bei Ballbesitz sofort einen Tempogegenstoß einleiten zu können.

Verhalten bei Unterzahl

Verliert eine Mannschaft einen Spieler durch Zeitstrafe, dann wird 5:0 gedeckt.

Für die Abwehr gilt:

- der am weitesten vom Ball entfernte Angreifer bleibt frei
- es wird schnell und beweglich zur Ballseite hin verschoben
- nicht zur Abwehr heraustreten
- den Wurf aus dem Rückraum möglichst mit zwei Abwehrspielern blocken

Verliert die Mannschaft zwei Spieler, dann wird 4:0 gedeckt. Besonders abgeschirmt werden die günstigen Schußpositionen aus der Mitte.

Verhalten bei Freiwürfen

Zur Abwehr von Freiwürfen wird eine Mauer aus zwei oder drei Spielern gebildet. Eine Mauer oder einen Block aus drei Abwehrspielern wird dann aufgestellt, wenn die Gegenmannschaft zum Freiwurf die günstige Mittelposition besitzt und außerdem über einen guten Rückraumschützen verfügt. Sonst reicht ein Zweierblock aus.

Als Grundsatz gilt, daß der Block immer die Wurfarmseite des Schützen deckt.

Wird der Freiwurf aus der Position Halblinks (von der Abwehr her) ausgeführt und ist der Werfer ein Rechtshänder, dann deckt der Abwehrblock die Wurfhand und damit die kurze Ecke des Tores (vom Torwart links). Der Torwart übernimmt die lange, also seine rechte Ecke. Wird der Freiwurf von einem Rechtshänder aus der Position Halbrechts (von der Abwehr gesehen) ausgeführt, übernimmt der Abwehrblock wieder die Wurfhand und damit die lange Ecke des Tores. Der Torwart deckt die kurze, also wieder seine rechte Ecke. Bei Linkshändern im Angriff verhält sich die Abwehr gegengleich. Entscheidend ist, daß der Block dafür verantwortlich ist, daß in seiner Ecke kein Torwurf möglich ist.

Weitere Regeln

- die Arme sind im Block oben und stehen dicht zusammen
- der Block reagiert auf den Torwurf, nicht auf Täuschungen
- alle übrigen Abwehrspieler haben einen Gegenspieler vor sich
- bei Würfen an der Mauer vorbei deckt der dort stehende Abwehrspieler durch Blocken (seitliches Herunterführen der Arme gegen den Ball)
- werden Varianten angewendet, muß der Ballbesitzer sofort angegriffen werden

Periodisierung des Handballtrainings

Die Periodisierung richtet sich nach den Terminen der Punktspielrunde mit eventuellen Aufstiegs- und Entscheidungsspielen. In die Planung sollten auch die Vorbereitungen zu Pokalspielen und Turnieren einbezogen werden.

Das Jahrestraining wird in drei Perioden aufgeteilt, nämlich in die *Vorbereitungszeit, Wettkampfzeit* und *Übergangszeit.*

Jede Periode hat ihre bestimmten Ziele und Aufgaben, nach denen sich die Trainingsgestaltung richtet.

In der Bundesrepublik scheint die Entwicklung allein zum Hallenhandball zu gehen. Damit wird sich das Jahrestraining voll auf die Punktspielrunde, die zwischen September und April liegt, konzentrieren müssen. Es gibt zwar zur Zeit noch Kleinfeldrunden in den Sommermonaten; diese werden aber sportlich nicht sehr ernst genommen, zumal es auch nur regional begrenzte Meisterschaften in dieser Sportart gibt. So sind viele Vereine dazu übergegangen, die Sommermonate mit der Vorbereitung zur Meisterschaftssaison zu nutzen.

Trägt man dieser Entwicklung Rechnung, dann ergeben sich für die Periodisierung folgende Möglichkeiten:

- Wettkampfzeit: Oktober bis April (7 Monate)
- Übergangszeit: Mai bis August (3 Monate)
- Vorbereitungszeit: August, September (2 Monate)

Die Einteilung läßt sich nach örtlichen Gegebenheiten (Hallenbenutzungsmöglichkeiten, Urlaubszeit) verändern. Grundsätzlich sollte aber von dieser Dreiteilung ausgegangen werden.

Vorbereitungszeit

Sie liegt unmittelbar vor der Punktspielserie. Von der Trainingsarbeit in dieser Zeit hängt ganz entscheidend der Erfolg in der Meisterschaftsrunde ab.

Ziele der Vorbereitungszeit sind:
- Belastungsfähigkeit der Spieler erhöhen
- technisch-taktische Voraussetzungen für den Wettkampf schaffen

Daraus ergeben sich folgende Aufgaben für das Training:
- Entwicklung von Kraft, Ausdauer und Schnelligkeit (Kondition)
- Schulung der technisch-taktischen Fertigkeiten und Fähigkeiten in Verbindung mit konditionellen Elementen
- Veranstaltung von Wettkämpfen zur Überprüfung des Leistungsstandes

Die Vorbereitungszeit kann in zwei Abschnitte geteilt werden.
Im ersten Abschnitt werden die leistungsbestimmenden Grundfaktoren des Spiels entwickelt: Kondition und die technisch-taktischen Fertigkeiten (Würfe, individuelles Angriffs- und Abwehrverhalten).
Der Umfang der Belastung ist im ersten Teil (ca. 20 Tage) besonders hoch. Es werden mehr Trainingsstunden angesetzt als sonst üblich und darüber hinaus eine Vielzahl von Übungen trainiert.
Der Umfang der Belastung nimmt dann zugunsten der Intensität ab. Die Übungsauswahl wird auf jeden einzelnen zugeschnitten, die Anzahl und Schnelligkeit der Wiederholungen bestimmter Übungsformen nehmen zu (ca. 14 Tage).
Der zweite Abschnitt der Vorbereitungszeit (bis hin zu den Punktspielen) gehört schwerpunktmäßig der Gruppen- und Mannschaftsarbeit.
Trainingsaufgaben sind hier:
- weitere Verbesserung der Kondition
- Üben von Angriffskombinationen in der Gruppe
- Schulen des gruppentaktischen Abwehrverhaltens
- Entwicklung und Verbesserung der geplanten Mannschaftstaktik in Angriff und Abwehr
- theoretische Schulung zum besseren Verständnis des Spielaufbaus
- Trainingsspiele mit bestimmten taktischen Aufgaben

Neue Spieler müssen beobachtet und in das Mannschaftsgefüge eingewiesen werden. Gegen Ende der Vorbereitungszeit müssen sowohl die Grundformation der Mannschaft stehen als auch die Spielkonzeption beherrscht werden. Beides ist gegen Gegner zu überprüfen, die möglichst schwächer als die eigene Mannschaft sind. Später wird gegen stärkere Mannschaften gespielt.
Da die meisten Mannschaften bei uns nicht bereit und in der Lage sind, die erforderlichen Trainingstage durchzuführen, sollte sich die Vereinsführung überlegen, ob dieses Manko nicht durch ein 3- bis 4tägiges Trainingslager ausgeglichen werden kann. Das Trainingslager motiviert besonders, wenn es in reizvoll schöner Umgebung mit guten Trainingsmöglichkeiten durchgeführt werden kann. Häufig werden in solchen Trainingslagern Konflikte innerhalb der Mannschaft gelöst.

Wettkampfzeit
In diesem Zeitraum kommt es darauf an, die erlernten Fertigkeiten und Fähigkeiten in der Wettkampfsituation optimal anzuwenden.
Aufgaben des Trainings während der Wettkampfzeit sind:
- Konditionsstand halten und nach Möglichkeit verbessern
- die individuellen technisch-taktischen Eigenschaften der Spieler ständig auf den speziellen Positionen zu trainieren (wichtig ist das Wurftraining)
- Angriffskombinationen in der Gruppe trainieren
- Angriffssysteme und Abwehrformationen ständig mit Hilfe von Trainingsspielen verbessern

Die Punktspielserie hat meistens zwischen der Hin- und Rückrunde eine längere Pause. Diese Pause sollte genutzt werden, um eine körperliche und psychische Erholung einzuleiten. Statt wettkampfmäßiger Belastung weichen allgemein entwickelnde Übungen. Möglichst keine Handballwettkämpfe durchführen! Andere Sportspiele, besonders Fußball, wirken hier oft Wunder.

Übergangszeit
Die Übergangszeit dient zur Überwindung der körperlichen und psychischen Müdigkeit und zur neuen Motivation. Von diesem Ansatz her ergibt sich eine spezifische Planung der Übergangszeit (Mai bis Ende Juni):
- passive Erholungszeit (14 Tage) im Anschluß an die Wettkampfzeit
- aktive Erholungszeit mit anderen Sportarten (Fußball, Volleyball, Basketball, Schwimmen, Tennis, Kegeln, Leichtathletik)

Ferner wird in dieser Zeit die individuelle Technik und Taktik trainiert. Besonders eignet sie sich zum Abstellen der Fehler, die in der Wettkampfzeit aufgetreten sind.
In bezug auf die Kondition sollte so viel getan werden, daß sie nicht allzu sehr absinkt. Der Trainer sollte Tests heranziehen oder entwikkeln, die Aufschluß über den konditionellen Zustand seiner Spieler geben.
Ein großes Problem ist die Urlaubszeit im Sommer. Da diese lange Pause die Vorbereitungszeit erheblich beschneidet und darüber hinaus den Trainingsrhythmus durcheinanderbringt, ist es notwendig, hier Ersatz zu finden. Es bieten sich zum Beispiel Urlaubshausaufgaben an, die mitgegeben werden.
Ein gut dosiertes Programm bringt den Ferienfreuden keinen Abbruch. Damit wird einigermaßen gewährleistet, daß der Konditionsstand auf einer vertretbaren Höhe bleibt.

Anhang

Zur Physiologie des Handballspiels

Verletzungen und Erste Hilfe

Das Handballspiel ist in den letzten Jahren dynamischer, schneller und kämpferischer geworden. Damit ist auch die Verletzungsgefahr gestiegen.

Die häufigsten Verletzungen sind:

- Leichte und schwere *Verstauchungen* (Distorsionen) mit Einrissen der Bänder an den Fingergelenken. Solche Verletzungen entstehen dann, wenn der Abwehrspieler beim Blocken der Bälle seine Muskeln nicht genügend spannt. Gefährlich sind Knochenabsplitterungen, die häufig nicht erkannt werden.

Erste Hilfe: Cloräthyl aus der Sprayflasche zum Vereisen oder kalte Umschläge, die ständig erneuert werden müssen. Nach zwei bis drei Tagen Wechselbäder, Massage und Bewegung im heißen Wasser. Der Spieler muß einige Tage mit dem Training aussetzen.

Bei schweren Verstauchungen mit und ohne Knochenabsplitterungen wird der Finger in Gips gestellt (2 bis 4 Wochen). Danach kann er das Training mit einer Fingerbandage wiederaufnehmen.

- *Abriß der Strecksehnen* in den oberen Fingergliedern: Hilfe durch spezielle Metallschienen oder Gipsverbände.
- *Verstauchungen im Handgelenk* entstehen durch zu hartes Abstützen des fallenden Körpers (Kreisspieler und Torwarte) und sind sehr schmerzhaft. In schweren Fällen wird 8 bis 14 Tage lang eine Unterarmschiene getragen; sonst genügt eine elastische Binde.
- *Brüche* (Frakturen) *im Handgelenk* entstehen leicht dann, wenn

beim Fallen der Körper auf die auswärtsgedrehte Hand fällt. Beim Fallen die Hand nach innen drehen!

• *Zerrungen* oder Abrisse der inneren Seitenbänder des Ellenbogengelenks entstehen bei Behinderung des Wurfes durch den Gegenspieler oder nach Stürzen auf den ausgestreckten Arm.

• *Rippenbrüche* werden durch Anlegen von Klebeverbänden in der Ausatemstellung behandelt. Man braucht Klebeverbände nur, wenn Schmerzen beim Atmen entstehen; in der Regel werden sie 3 bis 4 Wochen getragen.

• *Kopf- und Gesichtsverletzungen* werden durch Kopf-, Armstöße oder Würfe hervorgerufen. Besonders bei Torwarten kommt es durch zu harte Würfe zu Nasenbeinverletzungen.

Alle diese Verletzungen brauchen *fachärztliche* Behandlung. Wichtig zu erwähnen ist ferner, daß brillentragende Spieler eine Brille mit unzerbrechlichem Glas tragen.

• *Verstauchungen im Sprunggelenk* treten relativ häufig auf; sie entstehen durch Drehung, Knickung und Überkippen des Fußes (äußerer Rand kippt über den inneren Rand des Fußes). Der Seitenbandapparat überdehnt, und es kommt zu Blutergüssen im Gelenk und den angrenzenden weichen Gewebeteilen. Schwerwiegend sind Abrisse der Seitenbänder, die eine Operation notwendig machen.

Erste Hilfe: sofortige Ruhestellung, kalte Umschläge, auf keinen Fall weiterspielen. Einfache Fälle werden mit einem Steigbügelverband in 2 bis 3 Wochen ausgeheilt.

• *Bänderverletzungen im Kniegelenk* treten bei Überbeanspruchung in der gestreckten Lage des Knies auf und werden meistens durch Fallen des Gegenspielers auf das gestreckte Knie hervorgerufen (etwa Torwart auf fallenden Werfer).

Bei dieser Verletzung handelt es sich um Einrisse am inneren Seitenband. Oft wird der innere Meniskus mitverletzt. In solchen Fällen muß das Bein in Gips gelegt werden.

• *Blutergüsse in den Oberschenkeln* (Hämatome, die sogenannten ‹Pferdeküsse›) entstehen durch harte Schläge auf die angespannte Muskulatur des Oberschenkels. Hier helfen zunächst kalte Umschläge und Ruhestellung. Nach 4 bis 8 Tagen kann mit Heißluft, Massagen und elektrophysikalischer Behandlung begonnen werden. Frühzeitige Massagen und Wärmebehandlung schaden, da es zu Kalk- und Knochenbildungen in den Geweben kommen kann.

• Ein großes Problem sind heute die *Sehnenschäden* (Tendopathien). Man findet sie nicht nur bei Leistungsportlern (hervorgerufen durch Überbeanspruchung), sondern häufig schon bei Anfängern.

Die Schmerzen treten im Bereich der Sehne und ihrer Umgebung auf, meistens im Oberarm- oder Achillessehnenbereich. Durch falsche Bewegung, schlechte Ausführung beim Trainieren (siehe Kapitel *Beweglichkeitstraining*), nicht genügende Erwärmung vor Spiel und Training sowie Behinderung beim Wurf durch den Gegenspieler treten im Oberarm immer wiederkehrende kleine Verletzungen an den Sehnen auf, die starke Schmerzen hervorrufen. Es nutzt nichts, wenn nach Abklingen der Schmerzen weitergespielt wird; damit wird das Leiden nur verstärkt. Eine Ruhepause von 4 bis 5 Wochen ist schon zum Ausheilen erforderlich.

Schmerzen im *Achillessehnenbereich* entstehen durch den Druck des Schuhrandes, Laufen auf hartem Boden und als Folge von Infektionen. Hier hilft nur Entlastung und Ruhigstellung der Sehne. Eine starke Überwärmung kann zur Steigerung der Schmerzen beitragen.

Überforderungen im Training

Überforderungen resultieren meistens nicht aus zu hohen Trainingsbelastungen. Vielmehr sind Fehler, die im Training gemacht werden, dafür verantwortlich. Daneben spielen die Lebensweise, der allgemeine gesundheitliche Zustand und Umweltfaktoren eine wesentliche Rolle.

Fehler der Trainingsmethodik

- zu schnelles Erhöhen der Belastung nach Trainingspausen
- zu schnelle Steigung der Anforderungen, die Anpassung kann sich nicht festigen
- Erholungspausen sind zu kurz
- zu hohe Intensität bei Dauerbelastungen
- zu viele Wettkämpfe und zuwenig Training
- fehlendes Vertrauen zum Trainer
- Enttäuschung bei zu hoher Erfolgserwartung

Unsolide Lebensweise

- Mängel in der Ernährung und bei den Wohnverhältnissen
- zuwenig Schlaf und ausschweifender Lebenswandel
- unregelmäßiger Tagesablauf
- zuwenig sinnvolle Freizeitbeschäftigung

Nichtbeachtung des Gesundheitszustandes

- Erkältungen
- Störungen im Magen-Darmbereich
- Nachwirkungen von Infektionskrankheiten

Gestörte Umweltbedingungen

- Spannungen in der Familie (Eltern, Ehegatte, Liebeskummer, Eifersucht)
- Spannungen im Beruf und in der Schule (Unzufriedenheit, Überlastung, schlechtes Betriebsklima)

Um die Folgen der Überforderung zu beseitigen, muß man erkennen, ob nicht nur eine kurzfristige Verstimmung vorliegt. Wenn der Spieler

reizbar, widerspenstig und äußerst kritikempfindlich reagiert, Lustlosigkeit, Depressionen und innere Unsicherheit an den Tag legt, dann liegen Anzeichen für eine Überforderung vor. Dazu kommen meistens ein Absinken des Konditionsstandes, mangelnde Konzentrationsfähigkeit, Verkrampfungen und nachlassende Einsatzbereitschaft.
Sollten zudem Schlaflosigkeit, Appetitlosigkeit, Gewichtsverlust und erhöhte Anfälligkeit gegen Krankheiten auftreten, dürften alle Indizien auf Überforderung hinweisen. Dann sollte ein offenes Gespräch zwischen Spieler und Trainer geführt und die Belastungen reduziert werden, bis die Symptome wieder abklingen (Herzrhythmusstörungen, Erschöpfung der Kraftreserven etc.). Danach kann die Belastung wieder allmählich erhöht werden.

Warmmachen vor Spiel und Training
Wer kennt nicht das Gefühl – besonders vor dem Spiel –, wie gelähmt zu sein? – Die Muskeln reagieren träge, und der Körper zeigt keinerlei Bereitschaft zur Aktivität.
Ursache ist zumeist die verhältnismäßig geringe Temperatur des Blutes in den Armen und Beinen von 34°. Nach Belastungsbeginn kommt es zu einer Übersäuerung in den Muskeln und schließlich auch des Blutes. Der Säurespiegel des Blutes wirkt auf das vegetative Nervensystem, das Herz und Lunge zu größerer Leistung anregt. Die Temperatur steigt in den Gliedmaßen auf 37°, der Körper beginnt zu schwitzen und sondert die überschüssigen Säuren durch Schweiß ab. Der Schweiß kühlt außerdem den überhitzten Körper. So wird der sogenannte *tote Punkt* überwunden, und der Körper wird leistungsfähiger. Auch die Gefahr von Muskelrissen, die bei Belastung von kalten Muskeln auftritt, wird geringer.
Also: vor jeder Leistungsanforderung im Spiel und Training warmmachen!
Vor Wettkämpfen sollte der Lebensrhythmus nicht geändert werden, zum Beispiel durch längeres Schlafen oder andere Ernährung. Jedes außergewöhnliche Verhalten kann zu Störungen und damit zur Leistungsminderung führen.

Hygiene des Spielers
Es ist keine Frage, daß jeder Spieler auf seine persönliche Hygiene achten sollte. Dazu gehören:

- *Körperpflege:* Nach jedem Sporttreiben wird die Haut durch Waschen und Duschen gereinigt. Mit der Schweißabsonderung kommen die überschüssigen Säuren auf die Haut, die den natürlichen Schutzmantel zerstören und damit Entzündungen hervorrufen können.
- *Mund- und Zahnpflege:* Krankhafte Veränderungen des Gebisses

und der Mundhöhle bewirken eine schlechte Nahrungsaufnahme, die zu Störungen im Verdauungsbereich führt. Die Folge ist Appetitlosigkeit. Es werden weniger Energien gespeichert, die zu einer erhöhten Leistungsbereitschaft dringend benötigt werden.

- *Abhärtung:* Durch die Anpassung an Temperaturschwankungen (Wechselbäder, kalte Güsse, Luftbäder und Schwimmen) wird der Körper widerstandsfähig gegen Erkältungskrankheiten.
- *Sauberes Sportzeug:* Schweißdurchtränkte und verschmutzte Sportkleidung riecht nicht nur penetrant, sondern verliert auch ihre Funktion, nämlich Schweiß aufzunehmen. – Trainingszeug ist keine Tageskleidung!
- *Genußmittel* wie Kaffee, Tee, Nikotin und Alkohol sind Gefäßgifte, die leistungsmindernd wirken. – Alkohol führt zu unkontrolliertem Verhalten, Reaktionsverlängerung und Unkontrollierbarkeit der Bewegungen. – Nikotin bewirkt ein Verengen der Hautgefäße. Der Blutdruck wird gesteigert, die Hauttemperatur sinkt. Gleichzeitig tritt eine Verengung der Herzkranzgefäße ein. Alle diese Faktoren bewirken mit Sicherheit eine Leistungsminderung.

Spiel- und Trainingsbeobachtung

Um die Ursachen für Erfolg und Mißerfolg eines Spiels zu ergründen, genügt es nicht, aus der Erinnerung bestimmte Spielleistungen zu erfassen. Ein Spiel muß systematisch in allen Teilbereichen beobachtet und ausgewertet werden, wenn die notwendigen Rückschlüsse auf Training und Wettkampf gezogen werden sollen.
Es genügt auch nicht, die Trainingsmaßnahmen allein nach den Erkenntnissen aus dem Spiel zu gestalten. Notwendig ist eine ständige Kontrolle der Leistung im Training selbst. So haben die Spieler Gelegenheit, ihren eigenen Leistungsstand zu überprüfen und Vergleiche zu ihren Mitspielern anzustellen. Dem Trainer ist ferner ein Mittel zur besseren Trainingsgestaltung in die Hand gegeben.
Es gibt verschiedene *Arten der Beobachtung*:

- die systematische Beobachtung. Hier sind Beobachtungszeit, Beobachtungseinheit, Beobachtungskriterien und Hilfsmittel zur Beobachtung genau festgelegt.
- die offene Beobachtung. Hier sind den Spielern die Kriterien bekannt, nach denen beobachtet wird. Bei der ‹verdeckten Beobachtung› sollen eventuelle Hemmungen, die bei der Beobachtung auftreten können, abgebaut werden.

Aufzeichnungstechniken:

- Film- oder Video-Aufnahmen
- Tonbanddiktate

Testbogen für Wurftraining Tag: Zeit:

Sprungwürfe aus der 2. Reihe: Kasten-Matte/Sprungständer/Volleyball-Netz, andere Hilfsmittel:

Name	Position	1	2	3	4	5	6	7	8	9	10	11	12	13	14	15	Gesamt
1.																	
2.																	
3.																	
4.																	
5.																	
6.																	
7.																	
8.																	
9.																	
TW:																	

Sprungwürfe aus der 1. Reihe: Kasten/Malstange/Abwehrspieler, andere Hilfsmittel:

Name	Position	1	2	3	4	5	6	7	8	9	10	11	12	13	14	15	Gesamt
1.																	
2.																	
3.																	
4.																	
5.																	
6.																	
7.																	
8.																	
9.																	
TW:																	

Eintragungen:

Tor = O
gehalten vom Torwart = TW
vorbei = v
Pfosten oder Latte = PF oder L
übertreten = ü

TESTBOGEN FÜR TEMPOGEGENSTOSS

Name: Versuche: einfacher Tempogegenstoß: Zeit:

	1	2	3	4	5	6	7	8	9	10	11	12	13	14	15	Gesamt
1.																
2.																
3.																
4.																
5.																
6.																
7.																
8.																
9.																
10.																

Aufgabe: Gruppe ohne Abwehrspieler: Zeit:

A																
L1																
L2																
A																
L1																
L2																
A																
L1																
L2																
A																
L1																
L2																
A																
L1																
L2																

Gruppe mit Abwehrspieler:

A																
L1D1																
L2D2																
A																
L1D1																
L2D2																
A																
L1D1																
L2D2																

Eintragungen:

A = Anspieler
L = Läufer
D = Deckungsspieler

Tor = O
gehalten vom Torwart = TW
vorbei = v
Pfosten oder Latte = PF oder L

übertreten = ü
Technischer Fehler = TF
(Zuspielfehler, Fangfehler usw.)
Abwehr = AW

Name: Datum:

Station Versuche

	1	2	3	4	5	Ges.
I						
II						
III						
IV						
V						
VI						
VII						
VIII						

Name: Datum:

Station Versuche

	1	2	3	4	5	Ges.
I						
II						
III						
IV						
V						
VI						
VII						
VIII						

Name: Datum:

Station Versuche

	1	2	3	4	5	Ges.
I						
II						
III						
IV						
V						
VI						
VII						
VIII						

Name: Datum:

Station Versuche

	1	2	3	4	5	Ges.
I						
II						
III						
IV						
V						
VI						
VII						
VIII						

Eintragungen: Zeit der Übung oder Anzahl der Wiederholungen

- Spielstenogramme
- graphische Darstellungen
- Beobachtungsbogen

Vorzuschlagen ist die offene und systematische Beobachtung mit Hilfe von Beobachtungsbogen, weil diese Methode ohne großen Aufwand und relativ effektvoll durchgeführt werden kann. Wünschenswert sind natürlich mit zunehmender Leistungsanforderung möglichst genaue Beobachtung und Auswertung mit Hilfe von Filmtechnik (Video-Recorder mit Zeitlupe).
Alle Bereiche des Trainings sind grundsätzlich beobachtbar. Es ist nur schwer, dafür entsprechende Beobachtungsbogen zu entwickeln. Diese Bogen sollten einfach zu handhaben und auswertbar sein. Gut zu beobachten und festzuhalten sind die Leistungen im Wurftraining, bei den Tempogegenstößen und beim Zirkel- oder Stationstraining.

Beobachtungsbogen für das Spiel

Auch hier gilt, daß nur besonders wichtige Daten erfaßt werden wie: Torwürfe mit Angabe der Position, die Art der technischen Fehler (Fangfehler, Zuspielfehler, Übertreten der Torkreise und Schrittfehler), Spielstand mit Zeitangabe und Torschützen des Gegners, in der Abwehr die Position des Gegentores sowie die Art des Tores (Rückraum- oder Kreistor). Zudem können die Spielerwechsel während des Spiels zeitlich festgehalten werden.
Der hier beschriebene Bogen stellt bereits hohe Anforderungen an einen Beobachter. Kann man mehrere Beobachter einsetzen, lassen sich die Beobachtungskriterien erweitern.

Spielprotokoll

Spielpaarung: . . . . . Halbzeit

vom: um: in:

Spieler	Versuche – Position – techn. Fehler	Tore	Spiel	Zeit

Abwehr	Position	Zeit/Wechsel	Tore KS, RR, TGS, ETGS, 7 m	
	1			
	1			
	1			
	2			
	2			
	2			
	3			
	3			
	3			
	4			
	4			
	4			

Eintragungen

Für Angriff:
Mitte – Rückraum = M
Halblinks – Rückraum = HL
Halbrechts – Rückraum = HR
Linksaußen – Kreis = l
Halblinks – Kreis = hl
Mitte – Kreis = m
Halbrechts – Kreis = hr
Rechtsaußen – Kreis = r
Tempogegenstoß = TGS
Erweiterter Tempogegenstoß = ETGS
Durchbruch von der Mitte zum Kreis = M – m
Torerfolg wird mit der Zahl angegeben = M^1 oder l^3
Technische Fehler = 0
mit: Fangfehler = Ff, Zuspielfehler = Zf, Schrittfehler = S, Übertreten = ü

Für Abwehr:
Rückraumtor = RR
Tor vom Kreis = KS
Tempogegenstoß = TGS
erweiterter Tempogegenstoß = ETGS
nur Tore eintragen = RR^3 oder KS^1 in der entsprechenden Abwehrposition

Gesamt:
Torfolge eintragen, dazu die Nummer des Spielers und die Zeit des Torerfolges.

Zur Geschichte des Handballspiels

Handballähnliche Spiele sind weit früher beschrieben worden. Homer (8. Jahrhundert v. Chr.) berichtet in der «Odyssee» vom Uraniaspiel der Griechen. Der Arzt Claudius Galenus (130–200 n. Chr.) beschreibt im «Harpaston» ein Ballspiel der Römer, und der Minnesänger Walther von der Vogelweide (1170–1230) besingt ein Fangballspiel.
Die eigentlichen Vorformen des Handballspiels entwickeln sich gegen Ende des 19. Jahrhunderts. Es sind zunächst Treibballspiele gegen oder über eine Grenze (Grenzball, Raffball). Es folgen Spiele auf Körbe oder gegen Netze (Deutscher Netzball, Korbball, Turmball und Basketball), dann Spiele auf Tore ohne Ballführung. Es durfte nicht mit dem Ball gelaufen und dieser nur drei Sekunden gehalten werden (Handball 1906 in Västergotland/Schweden, Neuer Raffball, Torball, Berliner Torball). Es folgten Spiele auf Tore mit Ballführung; bei denen es erlaubt war, mit dem Ball drei Schritte zu laufen oder ihn drei Sekunden zu halten (Wiesbadener Torball, Hazena aus Prag, Deutsches Handballspiel für Frauen von Max Heiser am 29. 10. 1917 und Deutsches Handballspiel für Männer von Karl Schelenz). – Karl Schelenz gibt 1919 mit der Schaffung der Männerregeln den Startschuß für eine stürmische Aufwärtsentwicklung des Handballs.

- 1926 wird beim Kongreß der Internationalen Amateur Athletik Federation in Den Haag eine Kommission zur Schaffung eines offiziellen Regelwerks für den internationalen Spielverkehr benannt.
- 1928 ist das Gründungsjahr der Internationalen Amateur Handball Federation (IAHF) anläßlich der Olympischen Spiele in Amsterdam.
- 1936 wird Feldhandball olympische Disziplin (Deutschland wird Olympiasieger). Zu dieser Zeit zählt die IAHF 23 Mitgliedsnationen.
- 1938 fand die erste Weltmeisterschaft im Feldhandball statt; den Titel gewinnt Deutschland.
- 1946 wurde eine neue Internationale Handball Federation (IHF) gebildet.

Mit der erneuten Aufnahme des Handballs in das olympische Programm 1972 in München – zu dieser Zeit zählt die IHF 54 Nationen mit über 2 Millionen Handballspielern zu ihren Mitgliedern – gewinnt besonders das Hallenhandballspiel an Popularität. Heute zählt es zu den beliebtesten Sportspielen überhaupt.
Handball als eines der jüngsten Sportspiele wird als Großfeld-, Kleinfeld- und Hallenhandball gespielt.
In den letzten Jahren ist das Großfeldhandballspiel immer mehr vom Kleinfeld- und besonders vom Hallenhandballspiel verdrängt worden. In der Bundesrepublik gibt es nur noch wenige Landesverbände, die im Sommer eine Großfeldrunde austragen.

Hallenhandball ist bereits 1898 in der Holger Nielsen Realschule in Ordrup gespielt worden. Seinen eigentlichen Siegeszug hat es jedoch nach dem Zweiten Weltkrieg angetreten.
Bemerkenswert ist, daß bereits 1906 ein Regelwerk für ‹Haandbold› herausgegeben wurde und schon damals in Dänemark Wettkämpfe vor über 1000 Zuschauern ausgetragen wurden.
In Deutschland entwickelte sich der Hallenhandball parallel zum Großfeldhandball. Ebenfalls 1938 fand die erste Weltmeisterschaft in der Halle statt. Der Weltmeister hieß Deutschland.
Technik und Taktik des Großfeldhandballs wurde ursprünglich einfach auf das Hallenspiel übertragen. Es wurde mit drei Stürmern und drei Abwehrspielern gespielt. Das Tor hatte eine Größe von 3,60 m×2 m (heute 3×2 m), und der Torkreis war damals noch sieben Meter entfernt. Erlaubt war dreimaliges Tippen; dann mußte der Ball abgespielt werden. Durch Verbesserung von Technik und Taktik, besonders bei Torwürfen, Körper- und Wurftäuschungen, beim An- und Abspiel sowie bei der Entwicklung von Angriffs- und Abwehrsystemen hat sich dieses Spiel zu einem der rasantesten Sportspiele entwickelt. Es ist schnell, dynamisch, artistisch und spannungsgeladen. Wenn es gelingt, das Defizit an Hallen zu beseitigen, wird der Zeitpunkt nicht mehr fern sein, an dem Hallenhandball während des ganzen Jahres gespielt und den Feldhandball ganz verdrängen wird.

Die wichtigsten Regeln des Hallenhandballs

Regel 1: Die Spielfläche

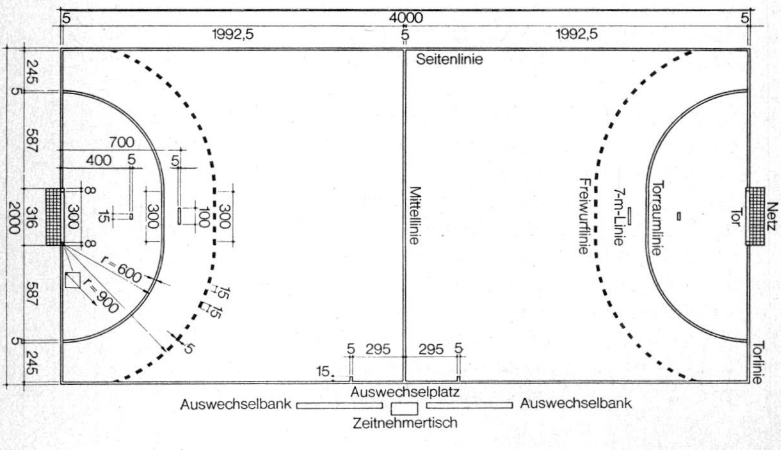

Regel 2: Der Ball
Für jedes Spiel müssen zwei Bälle vorhanden sein. Sein Umfang soll bei Männern 58 bis 60 cm betragen und 425 g wiegen, bei Damen und Jugendlichen (bis 14 Jahre) 54 bis 56 cm Umfang haben und zwischen 325 bis 400 g wiegen. Der Austausch des Balles während des Spiels ist nur gestattet, wenn der erste Ball nicht mehr benutzbar ist.
Regel 3: Die Spieler
Die Mannschaft besteht aus 12 Spielern: 1 Torwart, 1 Auswechseltorwart, 6 Feldspielern und 4 Auswechselspielern. Jeder Spieler kann während des Spiels ausgewechselt werden. Der Auswechselspieler darf erst dann das Spielfeld betreten, wenn der Feldspieler das Spielfeld innerhalb der gekennzeichneten Wechselmarken verlassen hat. Fehlerhaftes Auswechseln führt zu Zeitstrafen zwischen 2 und 5 Minuten, im Wiederholungsfall zur Disqualifikation. Wird ein Spieler durch Zeitstrafe oder Disqualifikation ausgeschlossen, kann er nicht durch einen anderen ersetzt werden. Torwarte können durch Feldspieler ersetzt werden, was umgekehrt nicht möglich ist. Wird der Torwart disqualifiziert, kann der Auswechseltorwart eingesetzt werden; dafür muß aber ein Feldspieler vom Platz.
Regel 4: Die Spielzeit
Für Männer und in der Frauenbundesliga dauert die Spielzeit 2×30 Minuten mit 10 Minuten Pause, für die A-Jugend (16 bis 18 Jahre) dauert sie 2×25 Minuten mit 10 Minuten Pause; alle anderen spielen 2×20 Minuten, die Frauen 2×25 Minuten mit 10 Minuten Pause.
Regel 5: Das Spielen des Balles
Erlaubt ist, in beliebiger Art den Ball zu werfen, schlagen, stoppen, fangen und köpfen. Man kann ihn drei Sekunden lang halten oder drei Schritte mit ihm laufen. Wird der Ball aus der Bewegung angenommen, beginnt die Dreischrittfolge erst, wenn beide Beine den Boden berührt haben. Erlaubt ist, den Ball beliebig lange mit einer Hand zu prellen (dribbeln). Wird er mit beiden Händen gefaßt, muß er nach drei Schritten oder drei Sekunden abgespielt werden.
Regel 6: Das Verhalten zum Gegner
Es ist verboten, dem Gegenspieler:
- den Ball mit der Faust wegzuspielen;
- den Ball zu entreißen;
- den Gegenspieler mit dem Ball gefährlich zu täuschen oder ihn anzuwerfen;
- ihn mit Armen, Händen und Beinen zu sperren, festzuhalten, zu umklammern, zu schlagen, zu stoßen, anrennen oder anspringen.

Erlaubt ist:
- die Hände zu benutzen, um in den Ballbesitz zu kommen;
- mit der offenen Hand den Ball herauszuspielen;

- den Gegenspieler mit dem Rumpf zu sperren, auch wenn dieser nicht im Ballbesitz ist.

Regel 7: Der Torraum

Der Torraum darf nur vom Torwart betreten werden. Liegt der Ball im Torraum, gehört er dem Torwart; springt der Ball aber zurück, kann er weitergespielt werden. Wird er zum eigenen Torwart zurückgespielt, gibt es einen 7-m-Wurf. Bleibt er aber ohne Berührung durch den Torwart im Torraum liegen, dann gibt es nur einen Freiwurf.

Tritt ein Spieler der angreifenden Mannschaft in den Torraum, gibt es einen Freiwurf für die abwehrende Mannschaft (das gilt schon beim Betreten der Linie).

Tritt ein Spieler der abwehrenden Mannschaft zum Zwecke der Abwehr in den eigenen Torraum, gibt es einen 7-m-Wurf. Nach dem Wurf darf der Angreifer den Torraum betreten.

Regel 8: Der Torwart

Es ist dem Torwart erlaubt, ohne Ball den Torraum zu verlassen. Er wird dann zum Feldspieler, darf aber nicht über die Mittellinie. Verläßt er den Torraum mit Ball oder holt er sich den Ball in den Torraum zurück, gibt es einen 7-m-Wurf.

Regel 9: Der Torgewinn

Ein Tor wird gegeben, wenn der Ball mit dem vollen Umfang die Torlinie innerhalb des Tores überschritten hat.

Regel 10: Der Einwurf

Der Einwurf wird dort ausgeführt, wo der Ball mit vollem Umfang die Seitenlinie überschritten hat. Der Einwurf erfolgt hinter der Seitenlinie und kann mit einer Hand ausgeführt werden. Bei fehlerhaftem Einwurf gibt es für die andere Mannschaft Freiwurf.

Regel 11: Der Eckwurf

Der verteidigende Spieler berührt den Ball, bevor dieser die Torlinie überfliegt. Wenn ihn der Torwart zuletzt berührt, gibt es Abwurf.

Regel 13: Der Freiwurf

Auf Freiwurf wird entschieden:

- wenn der Ball falsch gespielt wird (Regel 5)
- wenn Fehler im Verhalten zum Gegenspieler gemacht werden (Regel 6)
- bei Fehlern des Torwarts (Regel 8)
- bei Einwurffehlern (Regel 10)
- bei Eckwurffehlern (Regel 11)
- bei regelwidrigem Spielertausch
- bei Freiwurffehlern, bei falschem Verhalten beim 7-m-Wurf und Schiedsrichterwurf
- bei unsportlichem Verhalten
- bei passivem Spiel

Regel 14: Der 7-m-Wurf:
7-m-Würfe werden gegeben:

- bei groben Fouls, beim unkorrekten Vereiteln klarer Torchancen, beim absichtlichen Betreten des eigenen Torraumes zum Zwecke der Abwehr, beim Zurückspielen des Balles zum eigenen Torwart, beim Hereinholen des Balles in den Torraum durch den Torwart.

Regel 17: Die Schiedsrichter
Zwei Schiedsrichter leiten das Spiel. Der Torlinienschiedsrichter hat die Aufgaben, den Torraum zu beobachten, den Torwart zu kontrollieren, Eckwürfe zu entscheiden, den 7-m-Wurf anzupfeifen und den Torerfolg zu pfeifen (Doppelpfiff).
Der Rückraumschiedsrichter trifft folgende Entscheidungen: 7-m-Würfe, Freiwürfe, Eckwürfe, Einwürfe. Seine Entscheidung ist maßgebend. Beurteilen die beiden Schiedsrichter die Situation unterschiedlich, dann gilt die härtere Entscheidung.
Der genaue Wortlaut der Regeln mit den entsprechenden Kommentaren ist dem Regelheft des Deutschen Handball-Bundes «Internationale Hallen- und Feldhandball-Regeln» zu entnehmen. Das Regelheft wird jeweils dem neuesten Stand angepaßt und ist über die Geschäftsstelle des DHB 4600 Dortmund, Westfalendamm 77, sowie im Buchhandel zu erhalten.

Anschriften der Geschäftsstellen

Deutscher Handball-Bund (DHB), 4600 Dortmund, Westfalendamm 77, Tel. 0231/43 36 73

Regionalverbände
Norddeutscher Handball-Verband, 2800 Bremen, Nedderland 17, Tel. 0421/31 45 19
Westdeutscher Handball-Verband, 4000 Düsseldorf, Feuerbachstr. 80, Tel. 0211/28 34 94
Süddeutscher Handball-Verband, 7417 Pfullingen, Postfach 47, Tel. 07121/75 31 und 75 32
Handball-Verband Berlin, 1000 Berlin 33, Bismarckallee 2, Tel. 030/ 8 86 91 73

Landesverbände
Handball-Verband Schleswig-Holstein, 2300 Kiel 1, Beselerallee 57 (Haus des Sports), Tel. 0431/5 18 51
Hamburger Handball-Verband, 2000 Hamburg 6, Schäferkampsallee 1 (Haus des Sports), Tel. 040/4 12 11
Bremer Handball-Verband, 2800 Bremen, Eduard-Grunow-Str. 30, Tel. 0421/7 15 93

Handball-Verband Niedersachsen, 3000 Hannover, Maschstr. 20 (Haus des Sports), Tel. 0511/802929

Handball-Verband Westfalen, 4600 Dortmund, Westfalendamm 77, Tel. 0231/412003

Handball-Verband Niederrhein, 4000 Düsseldorf, Feuerbachstr. 80, Tel. 0211/348676

Handball-Verband Mittelrhein, 5000 Köln 41, Lohrbergstr. 2, Tel. 0221/417910

Handball-Verband Rheinland, 5400 Koblenz-Oberwerth, Rheinau 11, Tel. 0261/2501

Hessischer Handball-Verband, 6000 Frankfurt, Goethestr. 10, Tel. 0611/283494

Pfälzer Handball-Verband, 6731 Iggelheim, Bachstr. 20, Tel. 06324/2727

Handball-Verband Rheinhessen, 6500 Mainz 1, Münsterstr. 31 (Haus des Sports), Tel. 06131/23896

Handball-Verband Saar, 6600 Saarbrücken 1, Saaruferstr. 16 (Haus des Sports), Tel. 0681/57055

Badischer Handball-Verband, 7500 Karlsruhe 1, Stephanienstr. 86 (Haus des Sports), Tel. 0721/25233

Südbadischer Handball-Verband, 7805 Bötzingen, Markgrafenstr. 15, Tel. 07663/1320

Handball-Verband Württemberg, 7000 Stuttgart 1, Goethestr. 11 (Haus des Sports), Tel. 0711/296361

Bayrischer Handball-Verband, 8000 München 2, Briennerstr. 50 (Haus des Sports), Tel. 089/520151, App. 74 und 75

Handball-Verband Berlin, 1000 Berlin 33, Bismarckallee 2, Tel. 030/8869173

Über den Verfasser

Hans-Dieter Trosse, Jahrgang 1935, ist Wissenschaftlicher Oberrat am Institut für Leibesübungen der Universität Hamburg. Nach dem Studium (Körpererziehung und Geographie) in Potsdam (1953 bis 1958) zwei Jahre Lehrer in Perleberg. Seit 1960 in Hamburg. Über die Referendarausbildung zum Studienrat an einem Hamburger Gymnasium. Ab 1969 am Institut für Leibesübungen mit den Schwerpunkten Volleyball und Handball tätig.
Spieler- und Trainerlaufbahn: Aktiver Spieler in der DDR-Ligamannschaft von Wissenschaft Potsdam (1954–1958), anschließend zwei Jahre Spielertrainer bei Dynamo Perleberg. In der Bundesrepublik zunächst bei Victoria Hamburg und dann Spielertrainer bei Duwo 08 Hamburg. 1970 bis 1972 Trainer bei St. Georg Hamburg. 1972 bis 1976 Trainer der Deutschen Studentenauswahl im Hallenhandball. 1974 Sprecher des Fachbeirats des Allgemeinen Deutschen Hochschulsportverbandes (Vereinigung aller Studententrainer und Aktivensprecher beim ADH). Von 1973 bis 1976 Trainer beim Regionalligaverein von FL Fredenbeck. Seit 1976 Trainer der Bundesliga-Frauenmannschaft von Union 03 Hamburg.
Veröffentlichungen: Diverse Aufsätze in der *Zeit*, der *Welt* und der *Deutschen Handballwoche* / Modell zur Errichtung einer Allgemeinen Abteilung Hochschulsport an der Universität Hamburg (unveröff., Sept. 1972) / Materialien zur Sportlehrerausbildung in Theorie und Praxis (unveröff.; Mai 1973, Ergänzung Okt. 1973) / Methodik in den Sportspielen (in: *Deutsche Handballwoche* 29/1974 und *Praxis der Leibesübungen* 1/1975) / Der Unparteiische – Mensch und Mittler (in: *Deutsche Handballwoche* 16/1975 und 17/1975).

Literaturhinweise

1. Adam, K./Werschoshanskij, J. V.: Modernes Krafttraining im Sport. – Berlin: Bartels und Wernitz 1972 (= Trainerbibliothek, Bd. 4).
2. Deutscher Handball-Bund: Internationale Hallen- und Feldhandball-Regeln. – Dortmund 1975.
3. Djatschkow, W. M.: Die Steuerung und Optimierung des Trainingsprozesses. – Berlin: Bartels und Wernitz 1974 (= Trainerbibliothek, Bd. 9).
4. Carl, G.: Kraftübungen mit Geräten. 2. Aufl. – Berlin: Sportverlag 1975.
5. Dietrich, K./Landau, G.: Beiträge zur Didaktik der Sportspiele. – Schorndorf: Hofmann 1974 (= Schriftenreihe zur Praxis der Leibeserziehung und des Sports, Teil 1, Bd. 80).
6. Endert, T./Langhoff, G.: Schüler spielen Handball. – Berlin (Ost) 1971.
7. Gain, W./Hartmann, J.: Muskelkraft durch Partnerübungen. 3. Aufl. – Berlin: Sportverlag 1976.
8. Geilenberg, H./Klein, H.: Das Handballspiel für Feld und Halle. 4. Aufl. – Essen 1970.
9. Hagedorn, G./Niedlich, D./Schmidt, G.: Basketball-Handbuch. – Berlin: Bartels und Wernitz 1974 (= Trainerbibliothek, Bd. 10).
10. Harre, D.: Trainingslehre. 5. Aufl. – Berlin: Sportverlag 1975.
11. Hofmann, H./Grundmann, G.: Übungssammlung für die körperliche Grundausbildung. – Berlin (Ost) 1972.
12. Jäger, K./Oelschlägel, G.: Kleine Trainingslehre. 2. Aufl. – Berlin: Sportverlag 1974.
13. Jonath, U.: Circuit-Training. 6. Aufl. – Berlin: Bartels und Wernitz 1972.
14. Käsler, H.: Handball. Vom Erlernen zum wettkampfmäßigen Spiel. 2. Aufl. – Schorndorf: Hofmann 1971 (= Schriftenreihe zur Praxis der Leibeserziehung und des Sports, Bd. 32, 1971).
15. Konzag, G.: Übungsformen für die Sportspiele. 2. Aufl. – Berlin: Sportverlag 1975.
16. Kuchenbecker, B.: Hallenhandball-Abwehrsysteme. – Berlin: Bartels und Wernitz 1974 (= Trainerbibliothek, Bd. 11).
17. Kusnezow, W. W.: Kraftvorbereitung. 2. Aufl. – Berlin: Sportverlag 1975.
18. Kos, B.: Gymnastik 1200 Übungen, 7. Aufl. – Berlin: Sportverlag 1975.
19. Matwejew, L. P.: Periodisierung des sportlichen Trainings. 2. Aufl. – Berlin: Bartels und Wernitz 1975 (= Trainerbibliothek, Bd. 2).

20. Mraz, J./Schädlich, G.: Hallenhandball, Teil 1. Zum Angriffsverhalten. – Berlin: Bartels und Wernitz 1972.
21. Müller, H. J./Baier, H.: Handball-Lehrgang. – Saarbrücken 1974.
22. Roes, P.: Einführung des Handballspiels im 5. Schuljahr. – Schorndorf: Hofmann 1974 (= Schriftenreihe, Bd. 76).
23. Schmolinsky, G.: Leichtathletik. 7. Aufl. – Berlin 1974.
24. Singer, E.: Hallen-Handball. – Stuttgart 1972.
25. Slovik, J.: Hallenhandball. – Berlin: Sportverlag 1975.
26. Stein, H. G./Federhoff, E.: Handball. 4. Aufl. – Berlin: Sportverlag 1974.
27. Stiehler, G.: Methodik des Sportunterrichts. – Berlin (Ost) 1974.
28. Trosse, H.-D.: Methodik in den Sportspielen. – In: Praxis der Leibesübungen 1/1975.
29. Vick, W.: Schulung des Hallenhandballs. Teil 1. – Berlin: Bartels und Wernitz 1972.
30. Vick, W.: Schulung des Hallenhandballs. Teil 2. – Berlin: Bartels und Wernitz 1976.
31. Wagner, H.: Handball '72. – Nürnberg 1972.
32. Lehrmappe: Internationale Freiburger Handballschule. – Freiburg 1975.
33. Lehrmappe: Lehrmappe für Handball – Trainer und Übungsleiter. Freiburg (ohne Datum).

Sachregister